KB253577

개혁교회 종교개혁 500주년
츠빙글리 시리즈 ②

처음 시작하는 루터와 츠빙글리

세움북스 는 기독교 가치관으로 교회와 성도를 건강하게 세우는 바른 책을 만들어 갑니다.

처음 시작하는 루터와 츠빙글리

초판 1쇄 인쇄 2019년 1월 20일
초판 1쇄 발행 2019년 1월 25일

지은이 | 주도홍
펴낸이 | 강인구

펴낸곳 | 세움북스
등   록 | 제2014-000144호
주   소 | 서울시 마포구 양화로 78, 502호(서교동, 서교빌딩)
전   화 | 02-3144-3500
팩   스 | 02-6008-5712
이메일 | cdgn@daum.net

교   정 | 김민철
디자인 | 참디자인

ISBN 979-11-87025-38-2 (03230)

개혁교회 종교개혁 500주년
츠빙글리 시리즈 ②

처음 시작하는 루터와 츠빙글리

팩트를 따라 여행하는 종교개혁의 두 거장 이야기

| 주도홍 지음 |

세움북스

본서를

백석학원의 설립자이시고

백석대학교 총장이신

장종현(Prof. Dr. Jong Hyun Chang) 박사님께

뜨거운 감사를 담아

헌정합니다.

추천사

우연한 기회에 교회 사무실에서 '기독교연합신문'에 연재되던 주도홍 박사의 '팩트 종교개혁사'를 읽게 되었다. 우선 팩트(fact)라는 말에 호감이 갔고, 루터의 작품 중 원전을 인용하여 본래의 루터 상을 제시하려는 저자의 의도가 나를 유혹했다. 그러면서도 얽히고설킨 역사의 실타래를 평이하게 기술하는 그의 유연한 기예(記藝)에 호감을 느꼈다. 그의 글 때문에 일주일에 한 번씩 언덕배기 도서관에 들러 신문 연재를 읽었었는데, 이제 한 권의 책으로 엮어 출판하게 된 것을 진심으로 환영한다. 루터파를 대표하는 루터, 개혁교회 시원이 되는 츠빙글리. 두 사람이 살아간 삶의 여정을 추적하되 그들이 남긴 주요 저작을 통해 그들이 인식했던 교회, 역사, 신학, 그리고 그리스도인의 삶과 관련한 가르침은 오늘 우리를 향한 값진 선물이다. 2차 혹은 3차 자료에 근거한 이전 연구의 추수(追隨)가 아니라는 점에서 이 책은 창의성과 독창성을 지닌다. 그러기에 이 책에는 뭔가 다른 그 무엇(something new)이 있다. 이 책은 책의 부피와 상관없이 소중한 가치가 있다. 그러기에 나는 이 책을 기쁨으로 추천한다.

이상규 │ 고신대학교 명예교수, 고신대 전 부총장

나의 소중한 친구인 이 책의 저자는 교회 연합과 통일 한국을 꿈꾸는 한국
의 대표적 실천적 역사신학자며 교회사가다. 그가 루터와 츠빙글리를 선택
한 것 역시 종교개혁의 양대 산맥인 루터파와 개혁파가 좀 더 가까워지기를
소원하는 마음에서일 것이다. 16세기 종교개혁 시대가 낳은 두 명의 걸출한
하나님의 사람들, 루터와 츠빙글리의 진면목을 알고 싶다면 반드시 이 책을
거쳐야 하리라. 노련한 역사신학자의 손끝에서 나온 명불허전이다. 책을 잡
는다면 단숨에 마지막 페이지까지 읽도록 유인하는 강력한 매력을 느끼게
될 것이다. 인물과 역사를 이렇게 쉽고도 재미있게, 술술 넘어가는 이야기
체로 글을 쓸 수 있다는 것은 탁월한 마에스트로(maestro)가 아니면 불가능
한 일이다. 탁월한 묘사와 높은 가독성, 소박한 문장들과 감동적 내용들, 눈
에 확 들어오는 사진들과 역사적 자료들은 이 책의 소장 가치를 한층 더 높
인다. 기존의 복잡하고 전문적인 학술서가 아니라 독자 친화적 역사 이야기
이기에 신학생, 목회자뿐 아니라 일반 교인들과 교회 독서 그룹 멤버들에
강력하게 추천한다.

류호준 | 백석대학교 구약학 교수, 전 신대원장

*****

「기독교연합신문사」에 2년에 걸쳐 연재되었던 루터와 츠빙글리에 관한 주도
홍 교수의 '팩트 종교개혁사'를 흥미롭게 그리고 의미 있게 읽었습니다. 저는
늘 따뜻한 주 교수를 개인적으로도 좋아합니다. 주 교수는 은혜로운 말씀을
전하는 귀한 설교자이기도 하지요. 칼럼을 모아 교회를 위한 책으로 편집하
여 출간한다는 소식을 들으니, 기대가 됩니다. 특히 교회 소그룹과 일반 교인
들을 겨냥해서 각 장마다 두 개의 질문을 넣어서, 생각하게 하는 여유를 갖게
해서 더욱 고맙게 느껴집니다. 신학이 교회를 섬기는 학문임을 보여 줍니다.
저희 교회에서도 활용할 수 있으면 하는 마음입니다. 성경을 주제로 하는 모

임도 중요하지만, 성도들이 소그룹에서 교회 역사 속 소중한 신앙 인물 종교 개혁자 루터와 츠빙글리를 만난다는 것이 신선한 것 같습니다. 이 귀한 저서를 소그룹 경건 모임 교재로 함께 읽으며 영적 지도자들을 생생하게 만날 것을 생각하니, 기대가 앞섭니다. 기쁨으로 일독을 권합니다.

양병희 | 영안교회 담임목사, 한기연 증경 대표회장

독일의 신학자 크리스토퍼 프라이(Chr. Frey)는 "츠빙글리의 종교개혁과 함께 종교개혁에는 새로운 유형이 나타났다. … 그것은 개개인을 변화시키는 것뿐 아니라, 공동체의 삶을 변화시키는 것을 목표로 하고 있다"라며, 츠빙글리의 개혁은 탁월한 정치적인 의미를 갖는다고 평가합니다. 그러면서 오늘날 세계 교회 운동이 국가에 대한 예언자적인 사명에 눈을 뜨면서 다시금 츠빙글리의 가르침에 귀를 기울이고 있다고 강조합니다. 루터와 달리 츠빙글리는 그리스도인의 정치적인 책임과 아울러 통치자에 대한 국민적인 저항권을 적극적으로 가르쳤고, 칼뱅의 신학에 지대한 영향을 미쳤습니다. 2019년 스위스 종교개혁 500주년을 맞이하면서 츠빙글리를 다시 조명하는 것은 신앙의 공공성을 상실한 한국 교회에 매우 중요한 일이라고 생각합니다. 그런 맥락에서 루터와 츠빙글리를 비교하는 이런 책이 나오는 것을 적극적으로 환영합니다. 특별히 루터와 칼뱅 신학에 정통한 주도홍 박사님이 무게감 있는 내용을 쉽고도 평이한 문체로 기술하고 있어, 목회자와 평신도 모두가 종교개혁의 두 교부를 이해하고 비교하는 데 큰 유익이 될 것입니다.

최현범 | 부산중앙교회 담임목사, 부산 기윤실 공동대표

주도홍 교수님은 종교개혁의 본산지인 독일에서 연구하여 학위를 취득하신 정통학자이십니다. 이론과 실제를 겸하여 제시하시는 안목과 열정이 탁월한 현장의 전문가이신 교수님께서 통찰력 가득 담긴 개혁자 루터와 츠빙글리의 삶과 사상을 송두리째 담아낸 역작이 바로 본서입니다. 교회의 정체성을 새롭게 한 종교개혁을 이해하기 위해서는 루터와 츠빙글리를 반드시 거쳐야 합니다. 이런 의미에서 본서는 과거를 이해하는 창문의 역할을 할 뿐 아니라, 그리스도인으로서 오늘을 살아가야 하는 모든 이에게 삶에 대한 깊은 이해와 진리의 적용에 대한 지혜를 제공할 것입니다. 저자는 '다른 저자의 글을 인용하기를 꺼렸다. 금방 텃밭에서 따온 싱싱한 채소를 쌈으로 싸 먹는 느낌이 들게 하려 했다'고 고백합니다. 이런 열정이 본서의 차별성을 높여 줍니다. 완성도를 높이기 위하여 애쓴 흔적이 곳곳에 묻어납니다. 또한 본서는 소그룹용으로 사용할 수 있도록 구성되어 있습니다. 매 페이지에 개혁자의 호흡과 체취를 경험할 수 있는 질문이 있습니다. 본서를 기쁜 마음으로 추천합니다.

오정호 | 대전 새로남교회 담임목사, 제자훈련목회자협의회 이사장

*****

성경을 통해 말씀하시는 하나님께서, 루터와 츠빙글리 같은 훌륭한 스승들의 삶과 사상을 통해 여전히 우리에게 말씀하심을 감사드립니다. 하나님은 우리가 그들의 생애를 살펴봄으로 그들의 불완전한 믿음 너머에 있는 하나님의 영광과 아름다우심을 보게 하십니다. 우리는 본서를 통해 저자가 머리말에서 피력한 대로 우리와 성정이 같은 한 인간 루터, 그리고 루터와 칼뱅에 밀려 변두리에 있던 '개혁교회의 아버지' 츠빙글리를 있는 그대로 만나게 될 것입니다. 이 책의 제목 『처음 시작하는 루터와 츠빙글리』가 말하듯이, 마치 "텃밭에서 따온 싱싱한 채소를 쌈으로 싸 먹는 느낌이 들도록" 친밀하

게 만나게 하려고 애를 쓴 저자의 의도에 찬사를 보냅니다. 학자들의 글은 일반적으로 깊이가 있는 반면에 딱딱하고 어렵게 느껴지지만, 저자는 독자의 입장에서 편하게 읽고 만날 수 있도록 글을 썼습니다. "카페에서 향기 그윽한 커피를 마시면서 편안하게 루터와 츠빙글리를 만날 수 있기를 바라는" 저자의 마음에 공감하게 될 것입니다. '개혁된 교회는 항상 개혁되어야 한다'는 종교개혁자들의 모토대로 루터와 개혁교회의 아버지 츠빙글리를 가까이 만남으로 한국 교회가 정체성을 회복할 수 있기를 소망합니다. 이 책을 기쁘게 추천합니다.

권숙 | 서울남부교회 담임목사, 전 백석대학교 기독교학부 교수

*****

주도홍 교수께서 '개혁교회 종교개혁 500주년'에 발맞추어 출간하는 본서는 한국의 그리스도인들이 루터와 츠빙글리의 종교개혁을 이해하는 데, 그리고 이 둘 사이의 같은 점과 다른 점을 파악하는 데 아주 유용할 것입니다. 저자는 이 주제의 책을 쓰기에 적합한 인물입니다. 저자는 그들의 독일어 문헌들을 직접 확인했을 뿐 아니라 두 종교개혁자의 삶의 현장을 찾아다니며 팩트 체크를 충실히 했습니다. 아울러 그동안 저자께서 대학 강단에서 가르치면서 축적한 교회사적 통찰력이 본서를 통해 잘 드러나고 있습니다. 특히 유려한 문체와 저자가 직접 촬영한 후 적절히 삽입한 현장 사진들 덕분에 독자들은 쉽게 책을 읽을 수 있고, 내용 파악에도 어려움을 겪지 않을 것입니다. 그는 신학자임에도 불구하고 천부적인 예술적 감각을 본서 가운데 은연중 드러내고 있음을 독자들은 감지할 것입니다. 한국의 그리스도인들이 본서를 통해 종교개혁의 정신을 깨닫고 그것을 한국 교회에 잘 적용시켜 나갈 수 있기를 앙망하면서 본서를 적극 추천하는 바입니다.

강경림 | 안양대학교 신학과 교수, 전 한국교회사학회 회장

16세기 종교개혁의 거대한 물결은 루터와 츠빙글리에서 시작되었다. 루터와 츠빙글리는 "종교개혁"이라는 이름으로 묶여지기도 하지만, 자신들과 그들의 후예는 늘 갈등하고 긴장하는 길을 걸어왔다. 그런 의미에서 주도홍 박사가 루터와 츠빙글리를 한 책에 묶어서 저술한 것은 그 발상과 시도 자체가 매우 흥미롭고 그 의미가 깊다. 하나, 본서는 역사적으로 주목받지 못했던 츠빙글리에 대한 연구일 뿐 아니라, 그것도 츠빙글리를 루터와 연계해서 이해하도록 했다는 점에서 가치가 크다. 둘, 신학적 전문성과 대중성을 종합한 저서라는 점에서 높이 평가된다. 팩트에 근거하면서도 사실의 나열이 아니라 대중과 소통할 수 있는 일반성을 종합한 저서라고 할 수 있다. 셋, 본서는 한 번 읽고 지적인 만족으로 끝나는 것이 아니라, 실제 개인과 공동체의 신앙적 유익을 위한 교재로 사용될 수 있도록 기획되었다는 점이 매력적이다. "신앙과 삶의 분리" "신학과 경건의 분리"라는 한국 교회의 고질적인 약점을 해결해 줄 수 있는 소중한 자산이 될 것으로 믿는다.

안인섭 | 총신대학교 역사신학 교수, Refo500 아시아 프로젝트 매니저

*****

교회사에 등장하는 인물들, 특히 종교개혁자들을 만나는 일은 언제든지 가슴 벅찬 설렘을 가져다준다. 16세기 종교개혁의 위대한 인물 가운데 두 사람인 루터와 츠빙글리를 다루고 있는 이 책 역시 우리의 기대를 저버리지 않는다. 사실 루터나 칼뱅에 관한 글들은 어렵지 않게 만날 수 있지만, 개혁 신학과 개혁교회의 뿌리라 할 수 있는 스위스의 종교개혁자 츠빙글리를 만나는 것은 쉽지 않았는데, 이 책에서 우리는 매력적인 그를 만나게 된다. 종교개혁이라는 거대한 하나님의 역사를 위해 귀하게 사용된 이들 두 사람을 나란히 다룸으로써 비교, 분석하며 읽는 즐거움은 이 책의 또 다른 매력이라 할 수 있을 것이다. 이 책은 전문적, 신학적, 학문적 이해가 모자라도 이 두 사람을 쉽게 이해할 수 있도록 도와주고 있으며, 최대한 사실에 가깝

게 기록하고 있어서 누구나 부담 없이 읽을 수 있다. 각 장이 끝나는 대목마다 두 개의 질문이 있어서 그냥 개인적으로 읽고 도움을 얻는 데 그치지 않고, 소그룹에서 서로 질문하고 답함으로써 교제의 유익을 풍성하게 누릴 수 있을 것이다. 기쁘고 행복한 마음으로 모두가 즐겨 읽기를 권한다.

화종부 | 남서울교회 담임목사

*****

주도홍 교수님을 생각하면 먼저 두 가지가 떠오릅니다. 하나는 '패셔니스타', 또 하나는 '통일 전문가'입니다. 주 교수님은 외모뿐만 아니라 재치 있는 말씀으로 어느 자리에 계시건 분위기 메이커 역할을 톡톡히 해내십니다. 그런데 주 교수님의 전공은 따로 있습니다. 바로 '교회사'입니다. 종교개혁 500주년을 맞은 지난 2017년 주 교수님은 독일어 원전을 바탕으로 기독교연합신문에 '팩트 종교개혁사'를 연재하면서 개혁 신학의 출발과 루터의 종교개혁 정신을 새롭게 조명해 주셨습니다. 이 연재는 목회자들뿐만 아니라 일반 성도들에게도 큰 반향을 일으켰습니다. 주 교수님은 여기에 머물지 않고 개혁신학자로서 장로교 전통과 정체성의 출발인 츠빙글리의 종교개혁을 소개하면서 신문을 더욱 풍요롭게 채워 주고 계십니다. 매주 신문을 만들 때마다 교정에 참여하는 기자들에게도 주 교수님의 연재는 인기 만점입니다. 교수님의 글을 읽다 보면 16세기로 여행을 떠나는 기분이 듭니다. 그만큼 신학적 깊이가 있으면서도 드라마틱하게 글을 써 주신 덕분입니다. 이런 귀한 글이 책으로 묶여 나오게 된 것을 축하드립니다. 이 책이 '종교개혁사'에 또 하나의 족적으로 남길 기대합니다. 진심으로 축하드리며, 일독을 기쁘게 권합니다!

이현주 | 기독교연합신문 기자

머리말

　본서는 독일의 종교개혁자 루터(Martin Luther, 1483-1546)와 스위스의 종교개혁자 츠빙글리(Huldrich Zwingli, 1484-1531)를 함께 다룬다. 루터는 이러한 필자의 행위를 싫어할지도 모르겠다. 그렇지만 필자는 굳이 두 사람을 이 책에서 함께 묶어 다루고 싶다. 16세기 같은 시대, 같은 문제를 직면하여 종교개혁자로 살았던 두 사람은 동질성을 가지면서도 다름을 보인다. 무엇보다 두 사람의 긴장은 이후 루터교회와 개혁교회로 나누어지게 했고, 500년이 지난 지금에도 가시지 않고 있다. 츠빙글리는 루터를 존경했다. 루터는 츠빙글리를 다른 영의 소유자로 생각해 멀리했다. 1529년 10월, 둘은 필리프 2세의 주선으로 독일 마르부르크 성(城)에서 다른 종교개혁자들과 함께 만났다. 서로 좋은 시간을 가졌으나 성찬 이해의 상이성은 극복하지 못한 채 악수도 없이 씁쓸하게 헤어져야 했다. 이후 두 사람 사이의 분위기는 변하지 않았고 늘 그러했다. 제네바의 종교개혁자 칼뱅(John Calvin, 1509-1564)이 둘 사이를 중재하려고 자처했으나 그 뜻을 이루지 못했다. 칼뱅 역시 루터주의자들로부터 공격을 받았다. 독일 루터교회가 스위스 종교개혁을 칼뱅파 내지는 칼뱅주의(Calvinismus)로 몰아세웠기 때문이다. 이러한 이야기를 다 할 수는 없지만, 필자는 하나님께서 두 사람 루터와 츠빙글리를 다른 장소에서 부르셔서 종교개혁자로 세우셨다고 믿는다. 사실 츠빙글리는 성례 신학의 다름이 교회를 분열시킬 정도로 심각한 차이라고 이해하지 않았다. 칼뱅의 생각도 다르지 않았다.

필자는 루터와 츠빙글리가 함께 만나기를 바란다. 그들은 하나님 앞에서(Coram Deo) 서로를 인정하는 소중한 동역자이자 좋은 친구로서 대화할 것으로 믿는다. 이러한 마음으로 본서에서는 기꺼이 두 사람이 함께하도록 했다.

루터가 종교개혁자로서 산 기간은 30년이었다. 1517년 비텐베르크에서 루터의 종교개혁이 시작되고, 그가 고향 아이슬레벤에서 여행 중 세상을 떠나는 1546년까지 30년 동안이었다. 이 책은 연도순으로 루터의 그 30년을 다루고 있다. 물론 루터와 관련해 많은 글들이 세상에 쏟아져 나왔다. 특히 2017년 루터 종교개혁 500주년에는 더욱 많은 저서들이 다투어 루터를 다루었다. 그래서 또 한 권의 루터 관련 책이냐고 반문할 수 있다. 그러기에 필자는 조금 다른 각도에서 이 책을 써야 했다. 어떤 책들은 신학적이며 학문적 분야를, 어떤 책들은 루터의 전기를, 어떤 책들은 루터의 후기 영향들을 전문적으로 다루었다. 곧 대부분이 전문 서적으로 세상에 나왔다. 그러기에 필자는 루터를 다루되, 조금은 독창적으로 다루려고 시도했다. 소위 말하는 역사의 팩트 (fact)를 추적하며 글을 쓰되, 모든 사람들을 위한 일반 서적을 만들었다.

그러기 위해 필자는 루터의 독일어 글들을 읽어야 했다.[1] 솔직히 다른 저자의 글 인용하기를 꺼렸다. 금방 텃밭에서 따온 싱싱한 채소로 쌈을 싸 먹는 느낌이 들게 하려 했다. 그래서 필자가 연재했던 신문의 칼럼 제목도 "팩트 종교개혁사, 루터"라 일컬었다. 매주 한 회를 써 나가기에는 쉽지 않은 작업이었지만, 보람도 적지 않았다. 늘 손에는 루터 전집을 들고 읽어야 했다. 남의 글을 통해 들었던 루터를 이제는 내가 직접 만나야 했으니, 얼마나 뿌듯했겠는가! 발견의 기쁨이 적지 않았다. 너무 가까이서 루터를 만나다 보니 매우 실감이 나기도 했지만, 그래서 어떤 때는 실망스럽기도 했다. 루터 역시 우리와 성정이 같은 한 인간이었기 때문이다. 역사는 한 인물을 종종 너무 높여 놓는다. 루터는 분명 위대한 일을 했지만, 확실히 루터는 우리와 다르지 않은 사람이었으니 말이다! 글을 쓰면서 필자는 이러한 루터를 전혀 숨기고 싶지 않았다. 어떤 점에서는 평범한 루터를 찾았는지도 모른다. 팩트 그대로 쓰고 싶었고, 사실 그래야만 했다. 있는 그대로의 루터를 만날 때 필자는 더욱 그를 가까이 알게 되었다. 특별하지 않은 루터를 독자들에게 소개하고 싶었다. 카페에서 대화의 파트너로 만나 시간을 보낼

---

1 Martin Luther, *Ausgewaehlte Schriften*, K. Bornkamm und Gerhard Ebeling(eds.), (Frankfurt am Main: Insel Verlag 1982), Bd.1-7.

수 있는 루터를 만나게 해 주고 싶었다. 독자들이 부담 없이 루터를 알았으면 하는 마음이 간절했다. 가볍게 루터를 만나 대화할 기회를 만들었으면 하는 마음이었다.

그래서 오래된 루터 그림도, 최근 찍은 사진도 넣어 직접 만나는 느낌이 들도록 편집을 하려 했다. 물론 이 일에 제자 남지애 선생이 적극적으로 필자를 도왔으니, 고마운 마음이 크다. 독자들이 여행 중에 루터를 만나 조금은 의미 있는 시간을 가졌으면 좋겠다고 생각했다. 휴가 중 어렵지 않게, 그림도 보면서 조금은 느슨하게 읽을 수 있는 독서의 기회를 제공하고 싶었다. 그래서 책의 여백도 많이 남기고, 활자도 상대적으로 크게 하여 역사의 인물을 여유를 가지고 만나게 하고 싶었다. 지금까지 루터를 만나려고 하면, 조금은 딱딱하고 어려운 전문 서적을 읽어야 했지만, 이 책의 목적은 누구든지 어디서든지 루터를 부담 없이 만나게 하는 것이다. 이러한 목적이 독자들에게 충족이 된다면 참 감사하겠다. 휴가 때나 여행 중에 이 책을 손에 든다면, 적은 것이겠지만 뿌듯함을, 더 나아가 행복감을 가질 것을 기대했다. 카페에서 그윽한 향기 나는 커피를 들면서 중세사를 마감하고 새로운 시대 근세를 연 인물 루터를 만날 수 있다면 얼마나 좋겠는가!

츠빙글리가 종교개혁자로 활동한 기간은 1519년부터 갑작스럽게 47세의 나이로 세상을 떠나야 했던 1531년까지였다. 루터가 30년을 종교개혁자로 활동했다면, 츠빙글리는 고작 12-3년밖에 활동하지 않았으니 루터의 반도 채 되지 않은 세월이었다. 세월의 길이와 삶의 의미가 꼭 비례한다 말은 아니다. 사실 츠빙글리는 고작 10여 년밖에 활동하지 않았음에도 취리히의 종교개혁자로 평가를 받는다. 이는 츠빙글리의 역할이 역사적 평가를 받을 정도로 충분하다는 말일 것이다. 후대는 그를 '개혁교회의 아버지', '개혁 신학의 뿌리'로 부르니, 개혁 신학을 따르는 필자의 주목을 끌기에 부족함이 없다.

스위스 종교개혁 500주년을 준비하면서 필자는 츠빙글리를 찾아 나서야 했다. 필자가 맡은 스위스 '개혁교회 종교개혁 500주년' 기념대회장이라는 직책 때문만은 아니었다. 이 기회에 신학의 정체성, 곧 개혁 신학을 역사적으로 일차 자료를 통해 확인하고 싶었다. 먼저 필자는 스위스로 날아가 그가 태어난 곳, 그가 활동하고 목회했던 곳, 곧 종교개혁 현장을 직접 발로 밟으며 눈으로 확인하였다. 그리고 그의 대표 저작을 손에 들어 읽어야 했다. '개혁교회 신앙의 뿌리', '개혁 신학의 근원'으로 일컬음을 받는 *Auslegung und Begruendung der Thesen oder Artikel 1523*[2]을 밑줄과 함께 차근차근 읽으며 그의 신학 사상을 파고들었다. 그리고 2018년 「기독교연합신문」에 매주 "팩트 체크 종교개혁사"로 츠빙글리를 연재하였다. 솔직히 장로교회의 신학, 곧 개혁 신학의 뿌리에 해당하는 츠빙글리가 한국 교회에 잘 알려져 있지 않았

---

2 Huldrych Zwingli, *Schriften II*, Theologischer Verlag Zuerich, 1995. 한국어 번역으로는 훌트라이히 츠빙글리, "67개 논제에 대한 해제 1523", 『츠빙글리 저작 선집 2』, 임걸 역, (서울: 연세대학교 대학출판문화원, 2018).

기 때문이다. 한국 교회는 츠빙글리를 잘 모른다. 칼뱅을 말하기 위해 그를 그냥 지나칠 뿐이었다. 한국에서 칼뱅을 소개하고 다루는 책에 비해 츠빙글리 관련 책은 비교가 안 될 정도로 빈약하다.

그 이유가 없지는 않다. 메이저 신학인 루터 신학의 영향을 받은 후대가 츠빙글리의 사상을 하찮은 신학으로 폄하하고 함부로 다루는 모습 때문이었다. 그리고 츠빙글리가 세상을 떠난 지 5년 후인 1536년, 스위스 제네바로 와서 개혁 신학을 완성한 칼뱅이 중심이 되면서 츠빙글리를 상대화하였기 때문이다. 솔직히 우리는 츠빙글리를 함부로 다루었다. 한국 교회는, 아니 세계 교회는 츠빙글리를 멀리했다. 결국 잘 알지 못하게 되었다. 아니 있는 그대로 보지 않았다. 그렇기에 교회사적으로 츠빙글리를 있는 그대로 다가가 만나서 알고 싶었다. 한국 교회에 있는 그대로 그를 소개하고 싶었다. 그의 사상을 쉽고 명료하게 목회자, 신학생, 일반 성도들과 함께 나누고 싶었다. 과연 우리가 서 있는 신학이 무엇을 추구하는 신학인지, 어떤 문제의식을 가지고 어떻게 시작되었는지, 그러기에 개혁 신학을 가진 우리 교회는 어떤 특성을 가지는지, 역사적으로 소개하는 것이 책의 목적이었다.

'개혁교회 전통의 창시자', '개혁교회의 아버지'로 불리는 츠빙글리를 역사적으로 이해하는 것이다. 그래서 가능하다면, 개혁 신학을 사랑하는 장로교회 교인들이 편견 없이 츠빙글리를 만났으면 한다. 물론 이 작은 분량으로 그를 다 소개한다는 것은 불가능하다. 그래도 부분적으로나마 바르게 그를 소개할 수 있다면, 감사할 따름이다. 특히 세상으로부터 지탄의 대상이 되고 있는 한국 교회가 역사적 신학적 정체성을 인식하여 새롭게 허리띠를 동여매는 기회가 되었으면 한다. 그래서 그 교회가 새로워진다면 얼마나 감사한 일이겠는가!

하나의 바람이 있다면, 교회의 소그룹에서 이 책을 교재로 활용했으면 한다. 물론 성경을 공부하는 모임도 소중하지만, 조금은 다른 각도에서 교회사에서 소중한 일을 감당했던 사람들을 만남으로써 그와 대화하면서 그가 어떻게 하나님의 사람으로 살려고 했는지를 알 때, 힘든 인생길에서 지혜와 교훈을 얻을 수 있을 것이다. 게다가 여행 중에 부담 없이 읽을 수 있는 책이길 기대한다. 그렇다고 아무 의미 없이 흥미 위주로만 읽는 독서가 아니라, 뭔가 의미를 찾고자 할 때 이 책을 선정해 주었으면 한다. 특히 위대한 하나님의 종 루터와 츠빙글리를 만날 때 독자들은 뿌듯함을 느끼게 될 것이다. 각 장이 끝날 때마다 잠시 묵상의 시간을 갖도록 했다. 이를 위해 각 장이 끝나는 대목에 2개의 물음을 던졌다. 함께 답하며 서로의 생각을 나눌 때 거룩한 대화가 진행되리라 믿는다. 16세기 종교개혁자 루터와 츠빙글리를 만나며 향기 그윽한 커피와 함께 대화를 나눈다면, 얼마나 좋을까!

끝으로, 기꺼이 출판을 허락하신 세움북스의 강인구 사장께, 그리고 편집을 담당해 애써 준 김민철 목사께 따뜻한 감사를 드립니다.

2019년 1월,
방배동 연구실에서
저자 씀

CONTENTS
차례

제1부 · 루터 Martin Luther

제 1 부

루터

종교개혁자 루터의 첫 여행

1518年

무명의 수도사 루터는 어느새 유명 인사가 되었다. 1517년 10월 31일 면죄부 반박문 95개조로 역사에서 가장 소문난 인물이 된 루터는 6개월 후 외출할 수밖에 없었다. 1518년 4월 말 떠난 여행의 목적지는 남부 독일 하이델베르크였다. 교황청은 아우구스티누스 수도원장을 통해 95개조에 담긴 루터의 의도가 과연 무엇인지를 면밀히 확인하려 했다. 1518년 4월 26일, 루터는 토론을 위해 하이델베르크대학교 강당

하이델베르크

에 섰다. 아우구스티누스 수도회 소속 수도사들과 몇몇 교수들, 그리고 많지 않은 학생들이 함께했다. 아직까지 그 살벌한 중세 교회의 종교 재판이라고 할 수는 없었지만, 교황청의 의중이 반영된 루터를 향한 일종의 압박이었다.

여기서 루터는 면죄부를 직접적으로 언급하지는 않았다. 루터는 왜 중세 교회가 본질적으로 잘못된 길로 가고 말았는지를 신학적으로(28항), 그리고 철학적으로(12항) 나누어 총 40개항으로 자신의 입장을 제시했다. 루터에게는 비텐베르크 밖에서 자신의 종교개혁 사상을 공개적으로 밝히고, 비판자들을 대해서는 자신의 입장을 보다 확실히 대변할 수 있는 기회였다. 루터는 이 토론문의 서두에서 바울 사도를 선택받은 그리스도의 신실한 일꾼으로, 아우구스티누스를 그리스도의 가장 신실한 해석자로 일컬으며 잠언 3장 5절 후반절 말씀 "네 명철을 의지하지 말라"를 요절로 제시하였다. 루터는 중세 교회가 인간의 이성으로부터 시작된 철학적 신학 방법론으로 잘못을 범하고 있다고 보았고, 진정한 신학이란 하나님께서 자신을 계시하실 때만 이뤄질 수 있다는 확신을 가졌다. 여기에 루터는 오직 성경, 오직 은혜, 오직 믿음을 외쳐야만 했다.

루터는 중세 교회의 오류 두 가지를 주장했다. 첫째, 루터는 이신칭의를 주장하며, 중세 교회의 업적 구원을 비판했다. 오직 믿음으로 구원을 받는다. 구원을 위한 인간의 공로는 무가치하다. 둘째, 십자가의 신학(theologia crucis)이다. 십자가에서 고난당하시는 예수님 안에서 숨어 계신 하나님을 만나야 한다. 당시 막강한 권세를 가진 화려한 교황청이 보여 주는 영광의 신학(theologia gloriae)은 잘못이다.

1518년 당시 하이델베르크 토론에 모인 학생들 가운데 후일 스트라스부르의 종교개혁자로 부상한 마르틴 부처와 같은 탁월한 인물들이 나왔는데, 그들은 독일 남서부 지방의 종교개혁을 이끌었다. 하이델베르크 토론 40항 가운데 몇 항을 번역 인용한다.

가장 거룩한 생명의 교리인 하나님의 율법은 사람들을 의로 이끌지 못한다. 도리어 그 생명의 길로 나아가는 데 거대한 하나의 장애물이다(1항). 인간의 공로는 눈으로 보기에는 그럴 듯하고 빛이 나지만, 실상은 내적으로 볼 때 죽음에 이르는 죄악을 벗어나지 못한다(3항). 은혜와 믿음 없이는 사람의 마음을 깨끗하게 할 수 없다(행 15:9). 그리스도 없이는 인간은 그 어떠한 선도 행할 수 없다(9항). 율법은 겸손하게 하고, 은혜는 용기를 주며, 율법은 두려움과 분노를 일으키고, 은혜는 소망과 긍휼을 불러일으킨다. 율법을 통해 죄를 깨닫게 되고, 죄의 인식을 통해 겸손하게 되며, 그 겸손을 통해 은혜에 이른다. 그래서 하나님의 낯선 행위를 비로소 자신의 행위로 신뢰하게 된다(16항 해설).

MARTIN LUTHER (1483–1546)
ZUM GEDENKEN AN SEINEN
AUFENTHALT IM KLOSTER DER
AUGUSTINER UND AN SEINE
HEIDELBERGER DISPUTATION
AM 26. APRIL 1518
IM LUTHERJAHR
1983

▼

루터가 1518년 4월 26일에
아우구스티누스 수도원에 머문 것과
하이델베르크 논쟁에 선 것을 기념하여
루터 탄생 500주년인 1983년,
하이델베르크 대학교 광장에 세운 명판

질문

1. 루터가 1518년 하이델베르크에서 말하는 율법의 역할은 무엇인가?

2. 루터가 내세운 신학은 무엇이며, 그 대신 비판한 신학은 무엇인가?
두 신학의 차이점은 무엇인가?

002
숨어 계신 하나님

1518年

종교개혁 초기 1518년 '하이델베르크 논쟁'에서 루터가 말하고자 하는 두 가지는 명료하고 분명했다. 오직 믿음과 십자가의 신학이었다.

인간 타락 후 자유 의지로 행하는 모든 것은 아무리 애를 써도 죽음에 이르는 죄일 뿐이다. 인간은 겸손히 자신의 실체를 정확히 파악하여 하나

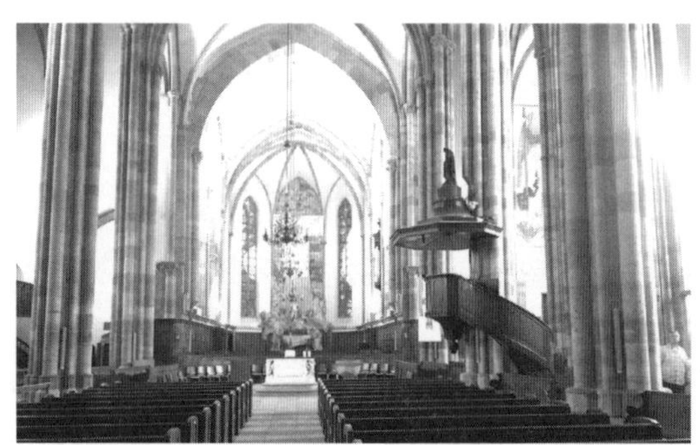

하이델베르크 성령교회

님의 은혜로 오직 믿음을 통해 의롭다 함을 받아야 한다. 곧 이신칭의다. '십자가의 신학'은 '영광의 신학'에 반대되는 새로운 신학으로서 루터 신학의 근본이다.

토론문의 19항 이하에서 십자가의 신학은 루터 사상의 진액으로 중

세 교회의 신학을 영광의 신학으로 정죄하며 제시된다. "보이지 않는 실체이신 하나님을 그의 보이는 업적을 통해 인식하고 이해하는 자를 신학자라 부르는 것은 가치 없는 짓이다"(19항, 롬 1:20, 고전 1:21-25). 스스로의 노력으로 하나님을 인식하고 이해하여 얻은 지식을 신학이라고 한다면 신학자라고 할 수 있겠지만, 신학은 하나님 자신께서 계시하시고 가르치실 때 형성되는 것인데, 어찌 신학자라는 영광스러운 칭호를 그들에게 붙일 수 있는지 루터는 반문한다.

루터는 보이지 않는 하나님을 그의 능력과 신성, 그의 지혜와 공의, 그리고 선하심을 통해 인식하는 것은 가치 있고 지혜로운 것이 아니라고 부연한다. 하나님은 세상을 사랑하사 인간의 몸을 입고 이 땅에 가장 낮은 자로 오셔서 고난당하시고 십자가에서 자신을 나타내셨다. 그리스도는 인성, 즉 약함과 어리석음을 통해 자신을 보여 주셨다. 곧, 하나님의 어리석음과 하나님의 약함이다(고전 1:25). 하나님은 볼 수 없는 것들의 지혜를 하나의 볼 수 있는 것의 지혜를 통하여 물리치셨다. 고린도전서 1장 21절이 말하는 대로, "이 세상이 자기 지혜로 하나님을 알지 못한다." 그런즉, 십자가의 낮아짐과 약함 가운데 계신 그리스도를 인식하지 못한다면, 영광과 권세 가운데 있는 하나님을 결코 인식할 수 없다. "십자가의 도가 멸망하는 자들에게는 미련한 것이다"(고전 1:19). "진실로, 주는 스스로 숨어 계시는 하나님이시나이다"(사 45:15).

바로 이 숨어 계시는 하나님을 인식하고 이해하는 신학자야말로 진정한 신학자이다. 그렇지만 영광의 신학자는 나쁜 것을 좋다고, 좋은 것을 나쁘다 일컫는다. 영광의 신학은 "주여, 아버지를 우리에게 보여 주옵소서"(요 14:8)라고 한다. 그렇지만 십자가의 신학자는 실재 있는 그대로를 인식한다. 십자가에 달리신 그리스도 안에 진정한 신학과 진정한 신 인식이 있다. 영광의 신학은 보이지 않는 하나님을 그 무언가 업적을 통해 부풀리고 눈멀게 하고 결국은 썩게 한다. 그래서 율법은 하나님의 진노를 일으키고(롬 4:15) 죽이며 저주하고 고소하며 심판하고 그리스도 안에 있지 아니한 모든 것에게 벌을 내린다. 십자가의 신학이 없기에 인간은 최선의 것을 최악의 것으로 거꾸로 오용한다. 인간은 그 무언가 선한 업적을 많이 쌓으므로 의롭게 되는 것이 아니라, 그리스도를 믿음으로 의로워진다. 율법은 그것을 행하라 말한다. 그렇지만 결코 그렇게 된 적은 없다. 은혜는 '너는 마땅히 믿어야 한다'고 말한다. 그러면 모든 것을 이루게 된다. 그렇다면 마땅히 지금도 일하시는 그리스도의 업적을 말하고, 그 후에 우리의 행한 일을 생각하며 그로 말미암아 말할 수 있을 것이다. 지금도 일하시는 하나님의 그 공로에 힘입어 이미 이루신 일이 하나님께 기쁨이 되어야 한다.

질문

1. 루터에게 바른 신학자는 누구인가?

2. 십자가의 신학자와 영광의 신학자를 비교해 봅시다.

십자가의 신학

1518年

루터는 교회 분열을 전혀 의도하지 않았고, 중세 교회가 새로워지길 원했을 뿐이다. 그럼에도 95개조를 통한 루터의 교회 비판은 루터의 의도와는 달리 교회의 일치를 깨뜨리는 결과를 초래했다. 루터가 1518년 '하이델베르크 논쟁'에서 제시한 '십자가의 신학'은 한국 교회를 포함한 세계 교회가 종교개혁 500주년이 지난 지금에도 마음을 다해 귀담아 들어야 할 소중한 내용이며, 본질적 복음이라 할 것이다. 특히 과연 신학이 무엇인가를 묻는 사람들에게 루터의 십자가의 신학은 중요한 가르침을 준다.

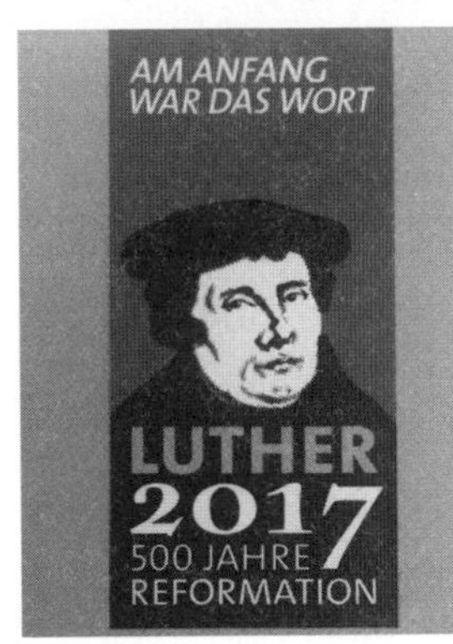

2017년 종교개혁 500주년 기념 포스터

당시 루터는 오늘날로 치면 A4 종이 약 14쪽 분량의 토론문을 작성했다. 루터는 먼저 40항을 제시한 후 조목조목 성경을 제시하며 40항에 해설을 덧붙였다. 루터의 해설

은 신학적 명제에 무게를 두었고 철학적 명제는 하나님의 사랑을 간단
하게 언급할 뿐이었다. 언뜻 보기에 명제만으로는 이해하기 어려울 수
도 있지만, 해설을 보면 '십자가의 신학'이 의미하는 바는 분명하다. 잘
못된 신학을 직시하며 루터는 옳은 신학을 제시한다.

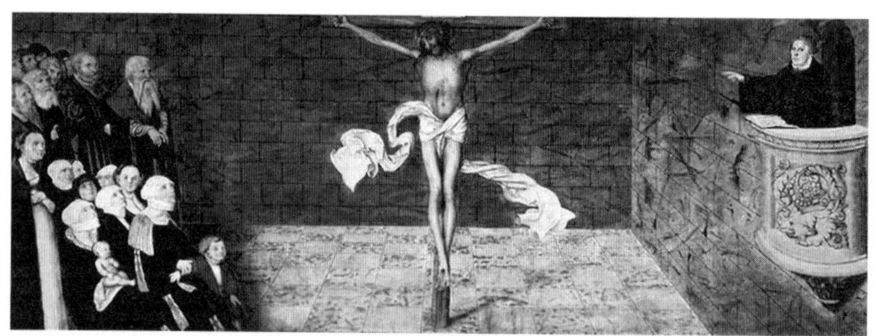

루터의 설교 장면을 묘사한 독일 화가 루카스 크라나흐의 1547년 작

십자가의 신학은 중세 교회가 추구하는 '영광의 신학'과 반대된다.
그리스도의 십자가에서 바른 신학과 신 이해가 나온다. 바른 신학은
십자가에 매달려 죽임 당하신 그리스도의 고난 가운데 숨어 계신 하나
님을 바로 깨달아야 한다. 잘못된 '영광의 신학'은 고난보다는 업적을,
십자가보다는 영광을, 약함보다는 능력을, 어리석음보다는 지혜를,
그리고 나쁨보다는 좋은 것을 취한다. 이는 "십자가의 원수"(빌 3:18)로
서 그들은 그리스도의 십자가와 고난을 미워하는 자들이다. 그들은 실
적과 명예를 사랑하는데, 이는 십자가의 선함을 나쁨으로, 공로의 부
끄러움을 좋은 것으로 뒤집어 놓는다. 하나님은 오직 십자가와 고난
가운데서 발견된다. 바른 신학자들은 십자가의 친구들로서 십자가를

선한 것으로, 인간의 공로를 나쁜 것으로 일컫는다. 십자가를 통해서 인간의 공로는 무너졌고, 인간의 공로를 통해서 형성된 '옛 아담'은 십자가에 죽임을 당했다.

　다시 강조하면, 십자가를 알지 못하는 자들은, 그리고 그 십자가를 미워하는 자들은 결국 십자가와 반대되는 것을 사랑할 수밖에 없는데, 지혜, 명예, 권세들이다. 그런데 그러한 것들을 사랑하면 할수록 그들은 회칠한 무덤같이 되고 점점 깊은 늪에 빠져 타락하며 더 심한 갈증에 시달린다. 이를 해결하는 단 한 가지 방법은 이러한 욕망을 버리고 돌아서는 것이다. 누구든지 지혜롭게 되고자 하면, 지혜를 향해 뒷걸음을 쳐야 하며, 어리석음을 추구해서 단순한 자가 되어야 할 것이다. 누구든지 권력, 명예, 쾌락, 그리고 그 모든 것에서 배부르기를 원한다면, 그는 마땅히 권력, 명예, 쾌락, 그리고 모든 것에서 만족하기를 추구하기보다는 그것으로부터 멀어져야 할 것이다. 세상에 대하여 어리석은 자 되는 그것이야말로 바로 진정한 지혜이다. 또한 루터는 인간의 사랑을 하나님의 사랑과 구별하며 설명한다. 인간의 사랑은 그만한 가치가 있는 것을 대상으로 한다. 대조적으로 하나님의 사랑은 죄에 속한 것, 나쁜 것, 어리석은 것, 그리고 약한 것을 대상으로 하지만, 그것들을 결국 의로운 것으로, 선한 것으로, 지혜로운 것으로, 강한 것으로 바꾼다.

질문

1. 바른 신학이 앞서 알아야 하는 것은 무엇인가?

2. 루터가 말하는 바른 지혜는 무엇인가?

왜 면죄부를 거부했나

1518年

1518년 3월, 루터는 면죄부를 주제로 하여 일반인을 대상으로 한 편의 독일어 설교를 했다. 1517년 10월 31일 면죄부 반박문 95개조의 연장선상에서 작성된 설교였다.

설교문은 먼저 1518년 2월 비텐베르크에서, 같은 해 독일 북부와 뉘른베르크를 위시한 남부에서 독일어로 15종이, 1520년까지 9종이 더 출판되었다. 이렇게 이 설교는 엄청난 반향을 불러일으켰다. 뉘른베르크에서 세상에 나온 설교문의 제목은 "존경하는 아우구스티누스 수도원 수도사 마르틴 루터 박사를 통해 비텐베르크에서 행

대중 앞에서 면죄부 반박문 95개조를 전하는 루터를 묘사
독일 화가 율리우스 휘브너의 1878년 작

해진 면죄부와 은혜에 관한 한 편의 설교"였다. 총 20항으로 이루어진 간단한 설교문은 A4 종이로 치면 많아도 3쪽 분량이다. 설교 내용은 면죄부가 성경에 전혀 근거하지 않으며, 연옥으로부터 사람들을 구해 내는 그 어떤 역할도 할 수 없다는 것이었는데, 마냥 쉽지만은 않았다. 루터의 1520년 면죄부에 관한 설교는 제목부터가 강했는데, "면죄부와 로마가 없어야 사람들이 기꺼이 구원을 받을 수 있다"였다.

요한 테첼

루터의 면죄부 반박문 95개조가 세상을 떠들썩하게 만들자, 1518년 1월 20일 교황청의 면죄부 부흥사이며 판매자인 테첼(Johann Tetzel)이 프랑크푸르트대학교에서 공식적으로 반박문을 내걸었고, 같은 해 4월에는 루터를 공격하기 위해 50항으로 된 독일어 글을 출간하였지만 반응은 미미했다. 루터는 테첼의 글을 "전무후무한 무지를 보여 주는 증거"라고 평가절하하였다. 테첼은 1518년 라이프치히대학교에서 박사 학위를 취득했으나 1519년 흑사병으로 갑자기 세상을 떠났다. 테첼의 죽음을 보며, 루터는 "테첼이 행한 일은 그로부터 시작된 것이 아니었다"는 말을 남기기도 했다.

루터는 중세 교회가 말하는 참회는 성경뿐만 아니라 초대 교회 교부들에게서도 전혀 뒷받침을 받지 못한다고 설교를 시작하면서, 당시 로마 교회의 면죄부를 조목조목 반박한다. 기도, 금식, 자선이 보속에 해당한다는 로마 교회의 입장에 대해 루터는 비판한다. 루터는 자선을 이웃에 대한 사랑과 긍휼의 행위로 이해하면서, 과연 면죄부를 사는 행위가 자선에 해당하는지 이의를 제기한다. 루터는 에스겔 18장 21 절과 33장 14절 이하를 인용한다. "악인이 만일 그가 행한 모든 죄에서 돌이켜 떠나 내 모든 율례를 지키고 정의와 공의를 행하면 반드시 살고 죽지 아니할 것이라." 또한 시편 89편 31–34절을 인용하는데, 그중 32–33절의 말씀 "내가 회초리로 그들의 죄를 다스리며 채찍으로 그들의 죄악을 벌하리로다. 그러나 나의 인자함을 그에게서 다 거두지는 아니하며 나의 성실함도 폐하지 아니하며"를 통해 균형 잡힌 하나님의 공의를 제시한다. 루터는 진정한 회개와 이웃을 향한 사랑을 실천하는 것이 면죄부를 사는 행위보다 "천배나" 나은 것이라고 말한다. 루터는 면죄부를 더 이상 사지 말라고 교인들을 강하게 설득한다. "나는 답합니다. 내가 앞에서 말했듯이 그 누구도 면죄부를 사서는 안 됩니다. 그것은 나의 뜻이고, 열망이며, 당부이고, 충고입니다. 게으르고 영적 잠에 빠진 그리스도인들이나 면죄부를 사도록 내버려 두세요"(16항). "면죄부가 연옥에 있는 영혼들을 구해 낸다고 하는데, 나는 그것을 알지 못합니다. 나는 그러한 일을 믿지 않습니다"(19항). "나의 말이 성경에 충분히 근거를 두고 있다는 사실을 절대 의심하지 마시기 바랍니다." 루터는 면죄부에 대해 이론을 펼치는 자들의 머리야말로 "비어 있고, 망가진 생각"으로 가득하다고 공격하며, "하나님, 그들과 우리 모두를 진리로 인도하소서!"라고 기도하며 설교를 맺는다.

질문

1. 루터가 면죄부를 반대하는 가장 큰 이유는 무엇인가?

2. 루터가 면죄부를 반대하며, 대신 성도들이 잊지 않아야 한다고 말하는 두 가지는 무엇인가?

후스를 지지하다

1519年

루터와 잉골슈타트대학교의 부총장 에크 출신 요한 마이어(보통 Eck
로 일컬음) 사이 논쟁은 서로의 친필을 통해서 시작됐다. 1518년 비텐베
르크대학교의 카를슈타트에서 온 안드레아스 보덴슈타인(보통 Karlstadt
로 일컬음)이 먼저 에크의 글을 반박하였다. 이에 에크가 공개 토론을 제
안했고, 1518년 10월 루터가 에크에게 아우크스부르크에서 만나자고
하자, 에크는 반종교개혁의 정서가 강한 라이프치히대학교를 생각하

1519년 마르틴 루터와 요한 에크 사이에 벌어진 라이프치히 논쟁을 묘사
독일 화가 율리우스 휘브너의 1864년 작

며 라이프치히 또는 에르푸르트를 제안했다. 제후 게오르게의 제안으로 1519년 6월 27일부터 7월 15일까지 라이프치히에서 양측이 공개 토론을 열기로 하였다. 엄격하게 말하면, 아직까지는 양측의 입장을 명확하게 이해하는 것이 목적이었다.

비텐베르크에서 온 사람들이 라이프치히에 도착하였는데, 첫 마차에는 카를슈타트가 탔고, 다른 마차에는 루터와 필리프 멜란히톤, 그리고 비텐베르크대학교의 총장인 포메른 주의 공작 바르님이 함께 탔다. 게다가 만약의 경우를 생각해 무장한 비텐베르크대학교의 학생 200명이 함께 왔다. 토론자로는 종교개혁 측에서는 루터와 카를슈타트가, 로마 교회 측에서는 에크가 나왔다. 먼저 6월 27일부터 7월 3일까지는 카를슈타트와 에크가, 7월 4일부터 14일까지는 루터와 에크가, 연이어 7월 14일부터 15일까지는 카를슈타트와 에크가 토론을 하였다.[1]

토론 장소로 대학 또는 교회를 제안하기도 했지만, 반종교개혁에 선 작센의 게오르게 공작의 결정으로 라이프치히대학교 근처에 있는 플라이센부르크 성 별실에서 하기로 하였다. 두 명의 토론 진행자가 서로를 바라보며 서고, 네 명의 공증인이 토론 내용을 참나무 판에 썼다. 토론이 시작되기 전 라이프치히대학교의 교수 페트루스 샤데 모젤

---

1 Otto Seitz(hrsg.), *Der authentische TEXT der Leipziger Disputation*(1519), (Berlin, 1903).

라누스는 무려 한 시간 동안이나 라틴어로 개회사를 말했는데, 양편이 서로를 이해하고 화해하기를 추구했다.

카를슈타트와 에크의 토론 주제는 자유 의지와 하나님의 은혜의 관계, 그리고 선행과의 관계였다. 7월 4일부터 시작된 약 10일간의 루터와 에크의 논쟁에서는 에크가 먼저 교황의 수위권과 공회의 권위를 모든 수단을 동원하여 강력하게 변호하였다. 에크는 루터를 화형을 당한 종교개혁자 얀 후스 곁으로 몰아갔고, 번번이 발언 시간을 초과하였다.

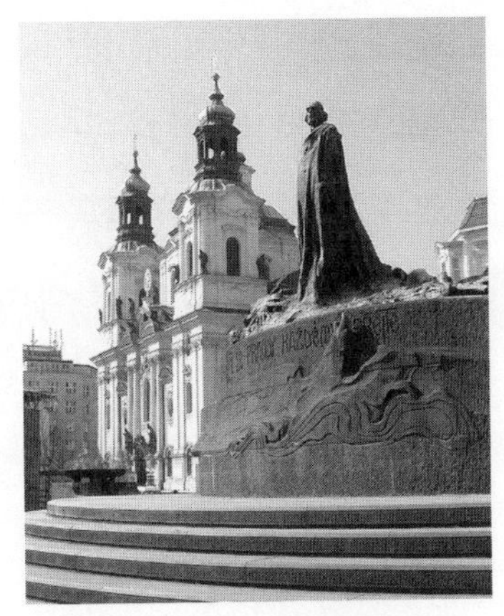
얀 후스의 500주년 순교일을 맞아 프라하 구시가 광장에 세운 동상

이때 루터는 콘스탄츠 공회가 정죄한 후스의 모든 사상이 이단시되는 것은 옳지 않으며, 후스의 사상이야말로 아주 그리스도적이며 복음적이라고 말하였다. 루터의 발언에 게오르게 공작은 흥분을 감추지 않았다. 루터는 '오직 성경을 통하여'(Sola Scriptura) 볼 때, 교황의 수위권은 근거를 찾을 수 없다고 주장했다. 멜란히톤이 루터의 뒤에 앉아 메모를 전하거나 속삭일 때, 에크는 멜란히톤을 화난 얼굴로 째려보았다. 에크 곁에도 라이프치히대학교 신학자들이 있었지만, 그들은 종종 졸아 별 도움이 되지 않았다. 7월 15일 요한 랑기우스 렘베르기우

스(Johann Langius Lembergius)의 연설로 토론은 막을 내렸다. 서로가 자신들이 이긴 토론이라고 자평하였다.

후에 에르푸르트와 파리에서 라이프치히 논쟁의 원문이 멜란히톤의 해설과 함께 출간되었다. 이로써 루터의 사상이 세상에 알려지게 되었을 뿐 아니라, 양측의 신학이 얼마나 다른지가 분명히 드러났다. 바로 신앙 문제와 관련하여 교황과 공회가 최고의 권위를 갖지 않으며, 오직 성경만이 최종 판단의 근거가 된다는 입장이었다. 이러한 루터의 사상은 결국 로마 교황청과의 단절로 이어졌고, 종교개혁이 본격화되었음을 보여 주었다. 1519년 라이프치히 토론은 종교개혁자 루터의 사상 형성과 확산에서 결정적이었고 역사적 사건이 되었다. 이후 대적자 에크는 로마 교황청이 루터를 파문하는 일에 매달렸는데, 루터를 파문했던 1521년 보름스 의회에서도 황제의 대변인으로 등장하였다.

질문

1. 루터가 교황의 수위권을 인정하지 못하는 이유는 무엇인가?

2. 구원에 있어서 인간의 선행과 하나님의 은혜를 말해 봅시다.

006

기도는 무엇인가

1519年

　루터는 본래 아우구스티누스 수도원의 수도사였으니 얼마나 많은 기도를 했을까! 수도원의 강조점은 기도와 노동이었다. 그렇지만 루터가 종교개혁자가 된 후 경건성과 기도의 신학을 어떻게 새로 정립했는지 알아보는 일은 의미심장하다. 무엇보다 중세 교회가 업적과 선행으로서 기도를 이해했기 때문에 루터는 기도를 달리 이해할 수밖에 없었다. 1519년, 루터는 비텐베르크에서 기도를 주제로 설교했다. 루터는 말씀과 신앙에 근거하여 당시 자신이 처한 상황을 바라보며 기도의 신학을 8가지로 가르쳤는데, 첫 번째부터 다섯 번째까지는 일반적 기도 이해이나, 여섯 번째부터 여덟 번째까지는 당시 16세기 상황을 반영한 특별한 이해이다.

　하나, 바르고 좋은 응답받는 기도는 두 가지가 요구된다. 하나님의 약속과 확답에 근거해 기도해야 한다. 기도의 응답은 오직 은혜로우신 하나님의 선하심 때문이지, 그 어떤 기도의 공로 때문은 아니다.

둘, '무엇이든지 믿고 기도하면 다 받으리라'(마 21:22)는 신실한 하나님의 약속에 근거한다.

셋, 하나님의 약속을 의심하면서 단지 어쩌다 만날 행운만을 위해 기도한다면, 헛되이 구하는 것이다. 이는 기도를 무의미한 것으로, 하나님을 거짓말하는 자로 만든다.

넷, 기도자의 그 어떤 가치에 근거해서가 아니고, 오직 하나님의 긍휼, 선함과 위엄에 근거해서 기도한다.

다섯, 기도자의 확고한 믿음 안에서 드려지는 기도는 오로지 하나님의 뜻과 주권에 따라서 응답된다.

여섯, 루터는 중세부터 내려오는 고난주간 십자가 행렬 행사와 더 나아가 교회의 절기들을 사라져야 할 폐습으로 규정하며, 성도들이 교회에 함께 모여 기도하며 찬송하는 것이 훨씬 바람직하다고 말한다.

기도하는 루터 가족

일곱, 루터는 특별히 고난주간에 기도할 제목을 두 가지로 제시하는데, 기도를 예전 이해에서 삶의 현장으로 가져오는 점에서 그 의의를 찾을 수 있다. 루터가 이때 인용하는 하나님의 말씀은 디모데전서 4:4-5이다. 그것은 16세기 창궐했던 흑사병과 전염병에서 지켜 주실 것을 구하는 기도이다. 루터는 그 기도를 구체적으로 하라고 제안한다.

'하나님, 곡식과 포도주를 잘못 오염된 병균에서 지켜 주세요.' '하나님, 공기가 오염되지 않도록 해 주세요.' '우리가 먹는 동물 고기를 그러한 전염병의 균으로부터 지켜 주세요.'

주의 종들이 "거룩한 하나님의 말씀을 들과 산에서 그리고 열린 공간에서 전파한 것은 거룩한 하나님의 말씀의 능력을 통하여 공기 가운데 있는 마귀를 무력하게 만들고, 그 공기를 깨끗하게 유지하며, 자라는 곡식이 잘 자라 건강과 행복을 풍성하게" 하기 위함이었다고 루터는 말한다. 에베소서 6:12에서 말한 대로, 우리 삶의 모든 영역에 하나님의 말씀이 풍성하게 거하고, 굳은 믿음으로 말씀을 들으며, 하나님의 능력의 말씀이 곡식과 공기 가운데 충만하여져서 그 공기 안에 사는 마귀들을 내쫓아야 한다는 것이다. 루터의 이런 말은 특이하지만, 흑사병이 당시 얼마나 심각했는지를 잘 보여 준다.

여덟, 루터에게 긴급했던 것은 육체적 흑사병보다는 영혼의 흑사병으로부터 보호해 달라는 기도였다. 영혼의 흑사병이 육체적 흑사병의 원인이 된다. 하나님께서 복을 주셔서 풍년이 되고 아무리 배불리 먹어도 몹쓸 죄악에 빠지면, 도리어 우리의 영혼은 죽음에 이르는 영적 흑사병에 걸린다. 그러므로 성도는 중심을 보시는 하나님께 영적 질병으로부터 우리를 깨끗하게 해 달라고 깨어 기도해야 한다.

질문

1. 성도의 기도가 응답되는 이유는 무엇인가?

2. 중세 교회는 사순절, 고간주간에 여러 가지 행사들을 했다. 그러나 루터는 이런 것들 대신 성도들이 해야 할 일은 무어라 했는가?

007

어떻게 죽음을 준비해야 하나

1519年

수도원의 영성을 추구했던 중세 교회의 베스트셀러는 죽음을 주제로 한 책이었다. 대표적으로 가일러(Geiler von Kaysersberg)의 『죽음의 기술』(*ars moriendi*)이 있다. 이러한 책이 당시 성도들이 즐겨 읽던 경건 서적에 속하였다. 1519년 5월, 루터는 작센 주의 프리드리히 현공의 궁정의회에 속한 샤르츠(M. Scharts)로부터 어떻게 죽음을 준비해야 하는지와 관련한 글을 요청받았다. 늘 바쁜 루터는 선뜻 이에 응할 수 없었다. 반년이 지나 죽음을 주제로 한 루터의 독일어 설교가 출판되어 인기리에 판매되었고, 곧 라틴어, 덴마크어, 화란어로까지 번역되었다.

루터의 죽음에 대한 관점은 중세 교회를 이어받으면서도 새로운 시각을 담고 있다. 사실 종교개혁 초기에 중세의 아들 루터가 중세 신학으로부터 완전히 벗어나는 일은 쉽지 않았을 것이다. 루터는 그의 선생 슈타우피츠(Von Staupitz)로부터 죽음에 관하여 배웠는데, 예수님의 죽음을 본받는 것이었다. 예수님의 제자로서 주님을 향한 신뢰와 사랑 안에서 그의 수난의 길을 따를 수 있어야 한다는 것이다. 달리 표현하면 예수님의 죽음을 본받는 삶(imitatio passionis)이 예수님을 본받는 삶(imitatio Christi)이다. 그러나 죽어 가는 성도는 "의인이면서도 동시에 구원받은 자"(iustus et salvus)라는 루터의 관점은 차별을 보였다. 중세 교회의 "죽음에 둘러싸인 삶"에 새로운 의미를 부여한 것으로, "우리는 죽음의 한복판에서도 생명으로 둘러싸인 자"로서 "그 죽음은 나의 잠이 되었다." 루터의 이러한 생각은 죽음을 앞둔 자신의 아버지와 어머니에게 드린 편지에서(1530년, 1531년) 진지하게 그리고 생생하게 제시되었다.

루터는 죽음을 맞이하는 성도들이 가져야 할 마음의 준비를 20가지로 제시한다. 여전히 루터는 중세 교회가 죽어 가는 자에게 베푸는 성찬식, 종부성사를 가져오지만, 대체로 경건한 분위기로 독자의 주목을 끄는데, 그중 몇 가지를 가져온다.

세상과 육체적, 외형적으로 이별하며, 살아서 누렸던 물질적 부를 유족들에게 제대로 분배하여 후유증이 없게 한다. 함께했던 모든 사람과 형제 사랑으로 용서와 화해를 하며 영적으로 이별한다. 세상을 떠날 때, 성도가 바라보아야 할 방향은 오직 하나님이다. 그 문은 좁고 그 길은 협착하지만, 성도의 죽음은 큰 공간과 거대한 기쁨이 펼쳐지는 새로운 출생이다. 기억해야 할 세 가지는 죽음이 얼마나 소름끼치는지, 죄가 얼마나 잔인한지, 지옥이 얼마나 혹독한지이다. 죽음을 맞이할 때, 성도는 마땅히 생명, 은혜 그리고 영생의 복을 바라보아야 한다. 자신이 선택함을 받았는지 알려고 하는 자는 하나님의 영역을 침범하여 하나님이 되려고 하는 위험한 자이다. 마땅히 삶의 한복판에서 죽음을, 은혜 가운데서 죄를, 천국에서 지옥을 응시해야 한다. 죽음 그 자체를 불안 속에서 바라보지 말고, 그리스도의 십자가에서 이미 죽어 버린 죽음을 기억해야 한다. 너의 양심을 찌르는 죄를 바라보지 말고, 십자가에서 죄로부터 우리를 구원하신 그리스도의 은혜를 바라보아야 한다. 지옥이나 영원한 저주를 생각하지 말고 오직 그리스도 안에 있는 자신을 기억하라. 흔들리지 말고, 십자가의 보혈을 향한 굳은 믿음 안에서 견고히 서라. 믿는 자의 죽음은 마땅히 홀로 당하는 죽음이 아니고, 천사와 성인들 그리고 모든 그리스도인이 함께하는 죽음이다. 성도가 기꺼이 죽음을 맞는 것은, 생명과 은혜 그리고 영원한 복이 그리스도 안에서 주어질 것이기 때문이다.

질문

1. 중세 교인들에게 죽음은 두려운 것이었다. 그 이유는 무엇인가?

2. 루터에게 죽음은 무엇이며, 성도가 죽음을 대할 때 가져야 하는 마음은 무엇인가?

스승과 제자에게 쓴 편지

1521年

1521년, 루터는 위기의 한가운데서 선생과 제자에게 편지를 썼다. 슈타우피츠와 멜란히톤에게다. 로마 교황청으로부터 출교를 당하고 죽음의 위기에 처한 루터는 1521년 1월 14일 비텐베르크대학교의 존경하는 스승 요한 폰 슈타우피츠에게 편지를 보냈다.[2]

요한 폰 슈타우피츠

당시 슈타우피츠는 잘츠부르크에 있었다. 편지는 루터가 얼마나 어려운 상황에 처해 있는지를 잘 보여 준다. "가장 존경하는 아버지" 슈타우피츠가 과거 어느 날 아우크스부르크에서 루터에게 해 준 격려의 말로 편지는 시작된다.

---

2 M. Luther, *Ausgewaehlte Schriften*, Bd. VI, Karin Bornkamm und Gerhard Ebeling(eds.), (Insel Verlag, 1983), 31–33: "An Johan von Staupitz in Salzburg. 14. Januar 1521."

"형제여, 너에게 닥친 일이 우리 주님 예수 그리스도 이름 안
에서 시작되었다는 사실을 생각하게!"

루터는 이 말을 슈타우피츠를 통해서
하신 주님의 말씀으로 간주하였다. 루터
는 슈타우피츠에게 이 사실을 상기시키
며 잊지 말 것을 당부한다. 루터는 이 일
을 시작하신 하나님께서 틀림없이 종교
개혁을 성취하실 것과 모든 일이 그 누구

멜란히톤

도 이의를 제기할 수 없는 전능하신 하나님의 손 안에 있음을 확신한
다. 로마 교황청이 루터를 출교시키고 그의 책들을 불태우며 그를 죽
이려고 할지라도, 결코 그들의 뜻대로 일이 진행되지 않을 것이라는
점이다. 루터는 "처음에는 흥분을 감추지 못한 채 부르르 떨며 기도했
지만, 지금은 내 생애 나에게 일어났던 그 어떤 일보다도 도리어 더 기
뻐하며 교황의 책들과 파문장을 불태웠다"고 말한다. 백작 게오르게
때문에 라이프치히의 엠저(Emser)가 루터를 대적하여 살인 협박으로
겁을 주며 편지를 썼을지라도, 루터는 개의치 않는다. 어려운 중에도
하나님께서 아시고 처리하실 것이며, 자신을 지키실 것을, 또한 잔인
한 피 흘림이 머지않아 이루어질 것도 생각한다. 루터의 저작들은 뢰
벤, 쾰른, 마인츠에서 세 번이나 불태워졌으며, 무르너(Th. Murner)라는
자는 루터에게 분노에 찬 편지를 보냈다고 전한다. 루터는 자기를 둘
러싼 이러한 급박한 상황을 전하며 슈타우피츠가 자신에게 한 말을 잊

51

지 말 것을, 자신을 위해 기도해 줄 것을 간청한다.

루터는 바르트부르크 성에 칩거한 지 5일 째 되는 1521년 5월 8일 주일에 "그리스도 안에서 가장 사랑하는 형제" 멜란히톤에게 편지를 썼다.[3] 비텐베르크에 있는 멜란히톤에게 안부를 물으며, 루터 자신은 하나님의 영광을 위해 무언가 큰일을 이루기 위해 본의 아니게 바르트 부르크 성에 머물러야 하는 처지를 언급한다.

멜란히톤에게 자신의 칩거가 사람들에게 어떻게 보일지를 묻는다. 목숨을 유지하기 위해 불의 앞에서 할 일 없이 도피해야 하는 처지를 남들은 어떻게 생각할지가 루터는 궁금했다. 적그리스도 로마 교회를 앞에 두고 볼 때, 루터 자신에게 하나님의 분명한 뜻과 사명이 있음을 인식한다. 멜란히톤에게도 사명과 은사가 있듯이, 루터에게도 암울한 시대에 그를 부르신 분명한 하나님의 부르심이 있음을 상기한다. 어려운 종교개혁 전선에 나서 한 뜻을 향하여 서로 위해 주고 기도하며 동역할 것을 촉구한다. 루터는 멜란히톤에게 참기 힘든 시련 가운데 있는 자신의 처지를 설명하며 간절한 기도를 부탁한다.

"주님은 거대한 아픔으로 나를 치셨다.

내가 앉은 의자는 너무 딱딱해서 모든 힘을 다해

---

3 M. Luther, *Ausgewaehlte Schriften*, Bd. VI, 35−37: "An Philippus Melanchthon, den Evangelisten der Kirche zu Wittenberg, seinen liebsten Bruder in Christus."

힘주어 앉아야만 하는데, 온 몸이 땀으로 젖는다.

그러니 더 오래 앉을수록 더 불편해진다.

여기에 온 지 넷째 날인 어제야 대변을 한 번 보았고,

밤새 잠을 들 수 없었다.

지금도 여전히 마음은 불안하다.

자네에게 부탁하는데, 나를 위해 기도해 주기 바란다.

이런 고통이 지금처럼 계속된다면,

나는 참을 수가 없을 것 같다."

질문

1. 고난 가운데 있던 루터에게 큰 힘을 준 선생 슈타우피츠의 말은 무엇이었나?

2. 루터가 자신이 아끼는 제자 멜란히톤에게 위기 가운데 부탁한 것은 무엇이었나?

말씀과 이성으로 말하다

1521年

황제 카를 5세가 함께한 보름스 의회에서의 루터 심문은 1521년 4월 16일에 시작되었다. 약속대로 루터가 의회에 나타나자, 황제 쪽에서는 라이프치히 논쟁의 상대자 에크가 발언자로 등장하였다. 루터는 이미 1520년 교황 레오 10세로부터 파문장 Exsurge Domine(주여, 일어나소서!)을 받았는데, 루터가 1517년 쓴 면죄부 반박문 95개조에서 41개

1521년 보름스에서 개최된 독일 제국 회의에서 카를 5세 앞에 서 있는 마르틴 루터
독일 화가 안톤 폰 베르너의 1877년 작

의 오류를 찾았고, 루터의 다른 글들도 이와 관련이 있다는 이유였다. 로마 제국이 독일 땅 보름스에서 루터를 재판하게 된 것은, 작센의 성주 프리드리히 3세가 루터를 바로 로마로 데려가 엄한 종교 재판을 하려는 것에 이의를 제기하며, 독일인이 먼저 독일 땅에서 재판을 받음이 타당하다고 주장했기 때문이다. 그럼에도 루터가 보름스 의회에서 심문을 받게 됨으로 매우 위험천만한 상황이 전개될 것을 모르는 이는 없었다. 1415년 콘스탄츠 의회가 얀 후스에게 화형을 선고한 경우를 넉넉히 상상할 수 있었다. 이에 프리드리히 3세는 보름스 의회가 루터의 신변을 안전하게 지켜 줄 것을 요구했고, 루터는 이를 전제로 보름스 심문에 응하였다.

루터는 2주 전 4월 2일, 비텐베르크를 출발하였는데, 그의 모습은 마치 개선장군처럼 기세가 등등하였다. 루터가 지나는 도시의 시민들은 그를 열렬히 박수로 환영하고 응원했다. 루터는 에르푸르트, 고타, 아이제나흐 교회에서 설교했으며 약속대로 4월 16일 시민들의 뜨거운 환영을 받으며 보름스에 도착하였다. 약속 시간이었던 4월 17일 오후 4시, 루터는 의회의 황제 앞에 섰다. 루터의 변호인 비텐베르크대학교의 교회법 학자 히에로니무스 슈르프(Hieronymus Schurf)도 함께했다. 루터는 상대편에서 질문할 경우에만 발언을 할 수 있었다. 에크는 루터의 글들을 쌓아둔 채, 이 모든 글과 책들이 루터가 쓴 것인지, 지금도 입장에는 변함이 없는지, 아니면 뭔가 방어할 것인지를 물었다. 이에 루터의 변호인 슈르프는 "그 글들의 제목을 읽어 주시기 바란다"라

고 요청했다. 루터의 글들은 1517년 면죄부 반박문 95개조, 1520년 3
대 저술 등 총 25종이었다. 이에 루터가 생각할 시간을 달라고 요청했
고, 많은 시간 기도하며 친구들, 친지들과 상의한 후에 루터는 약속대
로 기꺼이 4월 18일 오후 4시 의회 앞에서 입을 열었다.

　　"모든 글은 순전히 나의 것이며 나 혼자 쓴 글들로서, 그 누구의 지
혜로운 글의 도움도 받지 않았다. … 내 모든 저서는 같은 성격을 가지
고 있지 않는데, 첫 번째 그룹은 나의 대적자마저도 유익하고 안전하
며 참으로 읽을 가치가 있다고 고백할 수밖에 없는 순전하고 복음적
인 바른 신앙과 바른 삶을 다루었고, 두 번째 그룹은 그 누구도 부인하
거나 간과할 수 없는 바, 모든 기독교를 영적으로 그리고 육적으로 황
폐하게 만든 교황 제도와 그들의 추종자들의 잘못된 행위를 다루고 있
다. … 교황의 법들은 복음의 교리, 복음의 구절들, 그리고 교부들의
글에 모순되기에, 오류이며 인정할 수 없다. 세 번째 그룹은 특정한 사
람들을 겨냥하며 쓴 글들이다. 그들은 로마 폭군을 옹호하려는, 또는
기독교를 어지럽히는 자들이다. … 나는 그리스도의 진리를 지키기 위
해 … 조금도 주저하지 않았다. 그렇지만 나도 인간으로 오류를 범할
수 있기에 … 그 실수가 명백히 밝혀진다면, 나는 기꺼이 잘못을 시인
하고, 잘못된 글들을 불 가운데로 던질 것이다. … 내가 말씀의 증거
에 따라 또는 이성적으로 분명하게 잘못이 밝혀질 경우를 제외하고는,
… 나는 하나님의 말씀에 포로 된 자로 있을 것이다. 교황과 공회가 빈
번하게 잘못하고 오류를 범했음이 명백히 드러난 바대로, 나는 교황과

공회 그 자체만을 신뢰할 수 없기에, 나의 글들을 부정할 수 없는데, 그것은 양심에 반하는 것으로서 안전하지도 않고 좋은 결과에 이르지도 않기 때문이다. 하나님, 나를 도우소서. 아멘." 루터는 그 어떤 조정이나 타협도 하지 않았다. 루터는 4월 25일 보름스를 떠나 집으로 향했다.

질문

1. 루터가 무시무시한 보름스 의회로 향할 때 그의 태도는 어떠했는가?

2. 루터에게 교황의 법들은 오류였다. 이유는 무엇인가?

010
루터를 가까이하지 말 것

1521年

1521년 4월 18일 보름스 의회에서 루터의 심문이 끝나고, 일주일 후 루터는 비텐베르크로 향했다. 루터의 신변 보장은 누구도 장담할 수 없었다. 루터가 보름스를 떠나는 날 의회는 끝났고, 2주 후 5월 8일에 황제 카를 5세는 보름스 칙령을 세상에 반포했는데, 이는 루터에게 내려진 두 번째 사형 선고나 다름없었다. 루터의 글들을 읽거나 반포하면 안 되고, 루터를 가까이해도 안 되며, 그에게 호의를 베풀거나 숙식을 제공해도 안 되는데, 이를 어길 경우 엄벌에 처한다는 내용이었다.

사실 루터는 이미 1521년 1월 3일에 로마 교황의 파문을 받아 출교된 신분이었기에, 프리드리히 3세의 강한 요청에 따라 이루어진 보름스 심문은 특별하고 예외적인 경우였다. 프리드리히 3세는 제정 절차에 하자가 있다는 이유로 보름스 칙령의 법적 정당성에 이의를 제기하였다. 의회에 참석한 다수가 이미 떠난 후 남아 있는 소수에 의해 의결되었다는 이유였다.

1526년 슈파이어 제국의회에서는 루터를 지지하는 상당수 제후들이 자신들의 영토 안에서 더 이상 로마 교황을 인정하지 않고 새로운 루터교회를 국가 교회로 받아들이는 결정을 하기에 이르렀다. 그렇지만 3년 후 1529년에 슈파이어에서 다시 모인 제국의회는 1521년의 보름스 칙령을 다시 강조하면서, 이에 반기를 드는 자들의 행위를 저항(protestatio)으로 규정했는데, 이는 신교를 프로테스탄트라 일컫는 계기가 되었다. 루터와 루터의 지지자들을 향한 카를 5세의 보름스 칙령은 분명 불의한 갑의 입장을 보여 주었다.

두 쪽 분량의 길지 않은 보름스 칙령은 교황과 로마 제국을 향해서는 꽤나 긴 최고의 찬사와 존경으로, 반면 루터를 향해서는 혹독하게 그리고 망설임 없이 정죄하며 시작한다. 그것에 따르면, 루터를 하나님의 교회로부터 출교된 자, 고집불통으로 교회를 깨뜨리는 자, 오류가 분명하게 드러난 이단자, 특별히 주의를 요하는 인물로 정죄한다. 4월 25일부터 5월 14일까지 3주간 시간을 주되, 이후로는 루터를 집에 들이지도, 잠재우지도, 그에게 먹고 마실 것을 주지도, 그와 말과 행위로 가까이해도, 그에게 그 어떤 지지나 도움도, 후원도 해서는 안 된다. 그 대신 그를 볼 경우 잡거나 신고해야 한다. 이를 어길 경우 거룩한 법에 의거하여 엄벌에 처할 것을 분명히 한다. 이미 불순한 이단자로 정죄된 루터의 그 어떤 글이나 책이든 사서도, 팔아서도, 읽어서도, 퍼트려서도, 그리고 출판해서도 안 된다.

황제 카를 5세가 반포한 보름스 칙령이 그토록 혹독하게 루터를 정죄한 이유를 나누어 생각할 수 있겠다. 첫째, 면죄부 교리를 부인함으로써 교황의 절대 권위에 도전했다. 둘째, '오직 믿음을 통하여'(sola fide) 구원에 이르게 됨을 강조함으로써 중세 교회의 구원의 수단으로서의 성례 신학과 선행을 부인했다. 셋째, '오직 성경을 통하여'(sola Scriptura) 교회의 모든 교리가 성경에 근거해야 함을 강조함으로써, 루터가 로마 교회의 권위와 전통으로 형성된 교리들을 인정하지 않고, 거룩한 교황과 교회를 무시했다.

바르트부르크 성(Wartburg Castle)

루터가 성경을 번역했던 방

살벌한 보름스 칙령이 반포되었을 때, 루터의 후견인 프리드리히 3세는 루터가 곧 체포되어 감옥에 갇히게 될 것이고, 결국 생명이 위태한 지경에 이르게 될 것이라 생각했다. 프리드리히 3세는 어려움에 처한 루터를 보호하기로 마음을 먹었는데, 우선 그를 보다 안전한 곳으로 피신시켜야만 했다. 비텐베르크로 가고 있는 루터를 데려다 놓은 곳은 프리드리히 3세의 개인 별장 바르트부르크 성이었다. 이곳에서 루터는 10개월 동안 농부로 변장하고 작은 방에 피신하게 되는데, 그러는 중에도 루터는 약 11주에 걸쳐 신약성경을 독일어로 번역하였다. 모든 성도가 이 번역 성경을 손에 들고 읽음으로써 종교개혁이 추구하는 바가 드러나게 되었다.

질문

1. 로마 교회는 루터를 어떻게 판단했는가?

2. 누가 루터를 보호하여 바르트부르크 성으로 피신시켰는가? 루터가 거기서 한 일은 무엇이며, 그 의미는 무엇인가?

011
성경 중 가장 최고의 책은

1522年

1522년, 루터는 '9월 성경'의 서문에 하나의 물음을 던졌다. '신약에서 가장 고귀한 책은 무엇일까요?' 신구약 66권이 성령의 영감으로 기록된 하나님의 말씀이라면, 어떻게 이런 식의 물음이 가능하다는 말인가? 모든 성경이 소중하기에 경중을 따질 수 없이 동일한 권위를 갖는 하나님의 말씀이라는 말이다. 어쨌든 루터는 이런 질문을 던졌고, 그 나름의 답을 제시했다. 후대는 이러한 루터의 물음에 주목하여 루터의 성경관을 이해하였으며, 그에게서 성경의 역사 비평이 시작되었다고 말하기도 한다. 물론 루터의 물음은 중세 교회의 성경관과 상관성이 있다. 각 성경이 특성을 갖는다는 점에는 누구도 이의를 제기하지 않는다. 루터에게 주목할 점은, 성경 중에서 특정한 성경을 가장 최고의 보물 같은 책이라고 규정한 것이다. 과연 루터가 말하고자 하는 그 최고의 성경은 어떤 책이며, 그 근거가 무엇인지 알아보고자 한다.

루터에게 신약성경 중에서 성도들이 우선적으로 읽고 깨달아야 할 소중한 성경은 요한복음, 바울 서신, 특히 로마서, 베드로전서, 그리고 마가복음이다. 이 성경들이야말로 일용한 양식처럼 사랑해야 할 성경 중의 성경으로, 곧 성경의 핵이라고 일컫는다. 그 성경들은 인간의 공로와 그리스도의 많은 이적들을 서술하지 않고, 그리스도를 향한 믿음을 제시한다. 그것은 '옳은 형태의 복음'(die rechte Art des Evangelii)으로 그리스도를 향한 믿음이 죄와 죽음, 그리고 지옥을 물리치며 생명, 의와 행복을 가져다 줌을 가르친다. 루터에게 인간의 공로는 구원을 받는 데 있어 아무것도 아니다. 하나님의 말씀이 생명을 주는데, 여기서 루터가 인용하는 말씀은 "살리는 것은 영이니 육은 무익하니라 내가 너희에게 이른 말은 영이요 생명이라"(요 6:63)와 "진실로 진실로 너희에게 이르노니 사람이 내 말을 지키면 영원히 죽음을 보지 아니하리라"(요 8:51)이다. 루터는 인간을 구원으로 인도하는 것은 행위 공로가 아니라 믿음의 말씀임을 분명히 한다. 요한복음은 예수님의 이적에 강조를 두지 않고 예수님의 말씀(설교)을 중점적으로 기록하는데, 이는 다른 세 복음서와는 차별화된다. "요한복음은 매력적이고 옳은 복음서로 다른 세 복음서에 비해 훨씬 수준 높은 복음서이며 더 높이 들려져야 한다. 바울 서신과 베드로 서신도 다른 세 복음서 마태, 마가 그리고 누가복음과 비교할 때 월등히 높은 위치를 차지한다." 루터는 앞에서 언급한 것과는 조금은 다르게 중요한 성경에 요한일서를 추가하며, 바울 서신 중에서는 로마서와 함께 갈라디아서와 에베소서로 제한하는데, 그 성경들이 그리스도를 보여 주고 바른 믿음의 교리를 가르친다는 것이다. 그렇지만 "야고보서는 그러한 성경에 반해 틀림없이 지푸라기 서신이다. 야고보서는 그 자체 안에 복음적 요소를 가지고 있지 않기 때문이다." 루터는 야고보서와 관련해 재차 서문을 썼는데, 조금은 조심스러운 입장을 제시한다. "초대 교회가 야고보서를 정죄하였지만, 나는 찬양하며 좋게 받아들인다. 그저 단순한 인간의 가르침이 아니며 하나님의 법을 강조하기 때문이다." 그럼에도 루터는 야고보서가 사도가 쓴 성경이 아니라는 결론을 내리는데, 야고보서가 오직 믿음과 예수 그리스도의 고난과 부활을 설교하고 있지 않기 때문이다. "야고보서는 사도 베드로와 사도 바울이 가르쳤던 것처럼, 그리스도를 가르치는 것이 없기에 사도적이지 않다. 그리스도를 설교하는 것은 사도적이다." 루터는 야고보서의 저자를 사도의 한 제자로서 경건한 사람으로 추측한다.

질문

1. 루터가 말하는 성경 중 최고의 성경은 무엇인가? 그리고 이유는 무엇인가?

2. 야고보서에 대한 루터의 입장은 그냥 '지푸라기 서신'으로 끝나는가? 아니면 후에 변화를 보이는가?

오직 믿음으로

1522年

루터는 1521년 5월 4일 저녁부터 농부로 변장을 하고 1522년 3월 1일까지 약 10개월 동안 바르트부르크 성에 머물렀다. 여기서 루터는 비텐베르크의 동역자 멜란히톤의 권면에 따라 1521년 가을부터 11주 동안 신약성경을 독일어로 번역하여, 그 이듬해 9월에 출판하였다.

이 성경을 '9월 성경'이라 부른다. 9월 성경은 성경 서문이라는 이름으로 각 성경에 간략한 설명을 부치고 있다. 1522년 루터가 출판한 신약성경은 '신약 서

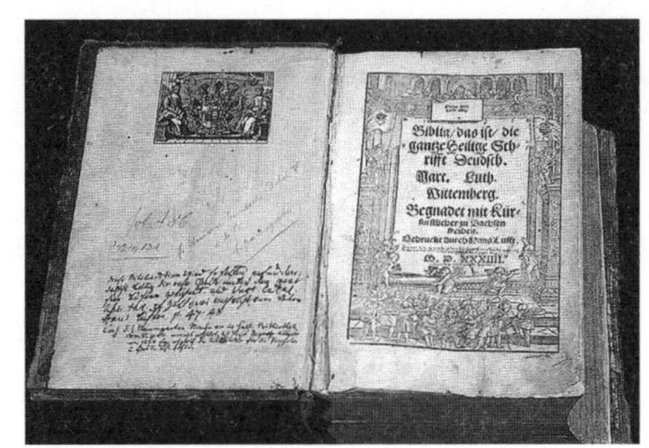

마르틴 루터의 1534년 성경

문', "신약 중 가장 옳고 고귀한 성경은 어떤 것인가?", 로마서, 고린도후서, 갈라디아서, 에베소서, 빌립보서, 골로새서, 데살로니가전서,

데살로니가후서, 디모데전서, 디모데후서, 디도서, 빌레몬서, 베드로전서, 베드로후서, 요한 세 서신서, 히브리서, 야고보와 유다서, 요한계시록으로 이루어져 있다. 루터는 고린도전서 서문은 1530년, 사도행전 서문은 1533년, 두 번째 요한계시록 서문은 1530년에 썼다.

루터가 독일어로 성경을 번역 출판하면서 각 성경에 서문을 썼던 이유를 두 가지로 생각할 수 있다. 첫째, 중세 교회에서 금기시했던 일반 성도들의 성경 읽기를 돕기 위해서였다. 둘째, 루터는 중세 교회와의 차별적 성경 이해를 제시하고자 했다. 현대에는 별책으로 성경 주석이나 강해를 출판하는데, 루터는 각 성경의 바로 앞에 말 그대로 서문으로 덧붙였다. 물론 루터는 '신약 서문'에서 성경에 그 어떠한 것을 덧붙이지 않는 것이 "옳고 타당한" 일임을 언급했다. 그렇지만 루터는 당시 사람들이 무엇이 복음이고 율법인지, 무엇이 신약이고 구약인지를 모르기에 어쩔 수 없이 일반 성도들을 바른 길로 이끌기 위해 위기 상황에서 이런 일을 하게 되었다.

신약에서는 계명과 율법보다는 마땅히 복음과 하나님의 약속을 찾아야 되는데, 중세 표준 라틴어 성경의 번역자 히에로니무스 같은 이들이 신약을 구약과 더불어 율법서, 역사서, 예언서 그리고 지혜서로 나누었다. 루터는 이를 아주 잘못된 일이라고 정죄한다. 신약은 믿는 자들과 믿지 않은 자들의 이야기가 기록되어 있다. 복음이 하나이듯이, 신약은 오직 한 권의 책이고, 오직 한 신앙이며, 복음을 통해 약속하시는 오직 한 하나님을 보여 준다는 것을 사람들은 분명히 알아야 한다. 헬라어 '유앙겔리온'은 좋은 소식, 좋은 이야기, 좋은 새 신문, 좋은 외침으로, 거기로부터 사람들은 노래하며 말하고 즐거워한다. 다윗이 거대한 골리앗을 이겨서 좋은 외침과 위로의 새로운 신문이 유대 국민들 사이에 퍼짐으로 기쁨과 평화가 넘쳐날 때, 사람들은 노래하고 춤추며 기쁨에 젖었다. 하나님의 복음과 새로운 약속은 예수 그리스도께서 십자가를 통해 죄악, 죽음 그리고 사탄과 싸워 이기셨고, 이로 말미암아 구원받아 생명과 복된 삶이 찾아왔다는 하나의 좋은 소식, 외침이다. 복음은 죄악과 죽음의 나라에 포로 된 자들을 그리스도의 나라인 하나의 영원한 나라, 하나의 생명의 나라, 영복과 의의 나라로 인도한다. 오직 하나의 복음은 오직 하나의 그리스도와 같다. 복음은 다른 무엇이 아니라, 하나님, 다윗의 자손으로 참 하나님 그리고 참 사람이신 그리스도의 설교이다. 예수 그리스도는 십자가의 죽음과 부활을 통해 모든 사람의 죄와 죽음과 지옥을 물리치셨다. 사복음서는 바로 그리스도께서 행하신 구원의 큰 사역과 말씀을 기록하고 있다. 사복음서는 오직 그리스도를 향한 믿음을 요구하지, 인간의 그 어떠한 업적과 행위를 요구하지 않는다. 믿는 자들에게는 그 어떠한 율법도 주어지지 않았다. 예수 그리스도께서 행하신 일들과 선행을 아는 것은 아직 복음을 바로 아는 것이 아니다. 예수 그리스도께서 십자가에서 우리 죄인들을 위해 죽으시고 다시 살아나심으로 우리를 죄와 사망 그리고 지옥에서 건져 내셨다는 사실을 믿는 것이 복음이다.

1. 루터가 성경을 독일어로 번역하면서 성경 서문을 썼던 이유는 무엇인가?

2. 루터에게 복음은 무엇인가?

죽음을 각오한 루터

1522年

루터가 1521년 5월 21일부터 바르트부르크 성에 은거하며 성경을 독일어로 번역하는 동안 비텐베르크의 종교개혁은 비텐베르크대학교의 루터의 동역자 카를슈타트와 츠빌링(Gabriel Zwilling)이 대신하였다. 문제는 종교개혁를 위한 그들의 실천이었다. 사적 미사는 폐지했으며, 성찬 예식은 바뀌었고, 사순절의 금식은 중단되었으며, 아우구스티누스 수도원의 화상은 발에 밟혔고, 불에 태워졌다. 이러한 급격한 변화에 성도들은 당황과 흥분을 금치 못하였다.

이 소식이 바르트부르크에 거주하는 루터에게 전해졌다. 루터는 후원자 선제후 프리드리히에게 편지를 썼다. 비텐베르크교회에 난리가 나서 어쩔 수 없이 급히 가서 이

비텐베르크 광장에 세워진 루터 동상

문제를 평정해야 하겠다는 내용이었다.

　루터는 조금 더 머무르다 부활절에 비텐베르크로 돌아오려 했지만 사순절에 당겨 와야 했다. 1522년 3월 6일, 루터는 비텐베르크에 도착했고, 3월 9일부터 16일까지 한 주간 동안 비텐베르크 시 교회에서 8회에 걸쳐 설교를 하였다.[4] 내용은 '구체적으로 교회가 어떻게 개혁을 추구해야 하는지'였다. 루터는 오직 성경에 근거를 두되 믿음이 약한 자를 생각해 인내함으로써 서두르지 말고, 폭력을 멀리하며, 사랑으로 개혁을 해야 한다고 설교했다. 바른 신앙에 서서 한 걸음씩 한 걸음씩 확신을 가지고 나가야 한다는 말이었다.

　루터는 3월 9일 주일에 첫 번째 설교를 하였다. 그의 설교 첫 마디는 죽음이었다. 죽음을 각오한 개혁자 루터, 죽음에 처한 루터를 실감나게 하는 서두였다. "우리 모두는 죽기를 각오하고 있습니다. 그 누구도 남을 위해서 죽을 수 없습니다. 우리 각자는 스스로를 위해 죽음으로 싸워야 할 것입니다." 루터는 당시를 '죽음의 시대'(die Zeit des Todes)라고 부르며, 깨어 확실히 알고 스스로 영적으로 무장할 것을 요청한다. 그렇지만 루터는 마음을 가다듬고 고린도전서 13:1을 인용하며 "사랑이 없는 믿음은 아무것도 아니다"라고 설교한다. 아무리 옳은 일

---

4 Martin Luther, "Acht Sermone D. Martin Luthers, von ihm gepredigt zu Wittenberg in der Fastenzeit 9.–16. Maerz 1522", *Martin Luther Werke* I, (Frankfurt am Main, Insel Verlag, 1983), 270–307.

이라 할지라도 과연 그 개혁이 해당 형제에게 유용하고 요구되는 일인지를 먼저 살펴야 한다는 것이다. 루터는 "모든 것이 가하나 다 유익한 것이 아니요"라는 고린도전서 6:12을 인용한다.

> 내가 만약 비텐베르크에 머물렀다면, 오늘 우리에게 일어난 혼돈처럼 이렇게까지 멀리 나가지는 않았을 것입니다. 개혁을 한다는 일은 좋은 것입니다. 그러나 너무 성급했습니다. 우리와 함께한 믿음의 형제자매들을 먼저 살폈어야 했습니다.

빛과 열을 가진 태양처럼, 신앙은 확고한 빛과 같지만 사랑은 휘어지거나 굽어지는 열과 같다고 루터는 말한다. 너무 한쪽만을 강조해서는 안 된다는 것이다. "우리는 형제자매들 중에 뛰는 자가 있는 반면, 걷는 자가 있고, 기는 자도 있다는 점을 분명히 알아야 합니다."

루터에게 개혁하는 자들이 알아야 할 두 가지는 '해야만 하는 것'과 '자유함'이다. 성도는 의무와 동시에 자유를 가져야 한다. 이러한 루터의 입장은 1520년에 쓴 『그리스도인의 자유』에서도 다르지 않은데, 죄로부터의 자유와 사랑으로 행하는 섬김의 자유이다. 그렇지만 상대편은 루터의 입장에 동의할 수 없었다. 카를슈타트는 잘못된 것, 위험한 것은 가능한 빨리 없애고 치워야 한다고 주장했다. 루터의 성화 논쟁은 종교개혁 진영 내부에서의 다툼이었는데, 1524년 스트라스부르의

     013 · 죽음을 각오한 루터

종교개혁자 카피토(W. F. Capito)는 성화 논쟁을 평가절하하며 그 의미
는 아주 미미하다 평가하였다.

질문

1. 루터는 개혁이 어떻게 이뤄져야 한다고 말하는가? 폭력적이어도 좋
은가?

2. 1522년 루터가 고난주간에 비텐베르크교회에서 8회의 설교를 할 때
첫 단어는 무엇이었나?

수도사여, 결혼하라

1522年

　　1522년 3월 11일, 루터는 비텐베르크로 돌아와 세 번째 설교를 하였다. 이 설교는 루터가 어떻게 종교개혁을 강력하게 실행했는지를 보여 준다. 루터의 종교개혁은 오직 하나님의 말씀에 근거를 두었다. 최고의 권위이신 하나님께서 원하실 때 또는 하나님께서 금하실 때, 그렇게 순종하여야 한다. 루터는 지켜야 할 계명과 누려야 할 자유를 명확히 구분하였다.

마르틴 루터와 카타리나 폰 보라

　　루터는 성직자의 결혼 여부와 성화 사용 여부를 자유의 맥락에서 보았다. "당신은 스스로를 강력하고 명료한 하나님의 말씀 위에 세워야 존재할 수 있습니다." 그렇지 않을 경우, 마귀의 유혹에 빠져 개혁은 불가능하다. 수도사와 수녀가 수도원에서 나가는 일은 계율에 얽매일 필요 없이 자유롭게 결정하면 된다. 그런 후 그들이 자유롭게 결혼을 할 수 있다. 만약 그러한 것을 법으로 금하면 하나님의 질서를 어기는 잘못인데, 이는 개인의 자유에 속한 것이기 때문이다. 루터는 이 대목에서 "마지막 때에 어떤 사람들이 믿음에서 떠나 속이는 영들과 귀신들의 가르침을 따를 것이다"라는 디모데전서 4:1을 인용한다.

　　루터는 이 설교를 하고 3년 후 1525년 6월 13일에 비텐베르크에서 수녀 출신 카타리나 폰 보라와 결혼하였는데, 오늘날 비텐베르크 시는 이 날을 성대한 축제의 날로 지내고 있다. 당시 수도사였던 루터의 결혼을 주제로 한 설교는 강력하였고, 참으로 충격적이었다.

루터의 결혼식을 재현한 모습
(사진 제공/ 독일 관광청).

　　이 세상에 존재하는 모든 수도사와 수녀는 내 설교를 듣고 바로 깨달았다면, 하나님께서 원하시는 대로 이제 모두가 수도원에서 뛰쳐나가야 하며, 모든 수도원은 문을 닫아야만 합니

다. 이것이 분명한 나의 뜻입니다. … 하나님께서 자유하게
하신 것은 마땅히 그 자유를 누려야 합니다. … 이와 다르게
교황은 여러분을 속박하는데, 여러분은 적그리스도인 그를
따를 필요가 없습니다.

이 설교에서 발표된 성직자의 결혼에 관한 루터의 분명한 입장은
이후 개신교 역사에서 절대적이었다. 루터는 성직자의 혼인을 자유의
관점에서 이해하였는데, 하나님께서 부여하신 자유(Freiheit)를 오히려
마귀의 계율(Gebot)로 묶어서는 안 된다는 외침이었다. 성직자가 여인
을 취해 결혼을 해도 좋고, 정결을 지킬 수 있다면 독신으로 살아도 좋
다. 그렇다고 결혼을 너무 육적으로만 이해하는 것을 루터는 경계한
다. "당신은 그 자유를 누려야만 합니다. 그 자유로부터 그 무언가를
강제하면 옳지 않습니다. 수도원의 서약은 하나님의 자유에 대적하는
것입니다."

루터는 연이어 자유의 관점에서 그림, 성상과 관련하여 피 흘리기
까지 있었던 오랜 논쟁을 역사적으로 언급한다. 교황은 성화를 교회
안에 두기를 원했으며, 황제는 공권력으로 예배당에서 그것을 제거하
려 하였다. 루터는 두 쪽이 다 틀렸다고 판단하는데, 근거는 간단하다.
"그들이 자유로부터 '의무'(muessen)를 부과하려 했기 때문이다." 루터
는 그림과 성상에 관한 논쟁이 출애굽기 20:4을 근거로 하는 것에 대
해 보다 다른 관점을 제시한다. 모세가 광야에서 놋뱀을 만들었고(민

21:9), 언약의 상징으로 두 마리 새를 만들었는데(출 37:7), 이는 분명 하나의 형상으로 어떻게 이해해야 옳은지를 말한다.

여기서 우리는 그런데도 고백할 수 있습니다. 사람들이 그림이나 상들을 가지거나 만들 수 있습니다. 그러나 그것을 당연히 숭배해서는 안 됩니다. 만약 사람들이 그것을 숭배할 경우, 그것을 마땅히 찢어 버리거나 부수어야 합니다. 열왕기하 18:4에서 모세가 높이 들어 올린 뱀들을 히스기야 왕이 부순 것처럼 말입니다.

한마디로 루터에게 우상은 사도 바울에게처럼(행 17:22) 아무것도 아니다(nichts). "외적인 것은 우리의 신앙에 그 어떤 해도 끼치지 않는다."

질문

1. 루터에게 그리스도인의 자유는 어떤 것이었는가?

2. 루터가 말하는 성화와 성상은?

그리스도인은 이혼할 수 있나

1522年

루터는 결혼과 관련해 여러 곳에서 철저하게 성경에 근거하여 입장을 밝혔다. 그는 1519년 수도사로서 결혼을 주제로 설교했으며, 1년 후 1520년 『교회의 바벨론 포로』에서 결혼은 성례가 아님을 주장했고, 중세 교회의 결혼관을 비판하였다. 1522년 바르트부르크에서 돌아온 그는 결혼뿐 아니라 이혼과 관련한 입장도 명확히 밝혔는데, 누가 어떤 경우에 이혼할 수 있는지를 말하였다.

루터의 결혼에 관한 글은 무엇보다도 당시 엄한 중세 교회법을 염두에 둘 때 법률사적으로 전환의 의미가 있고, 문화사적, 사회사적 의미도 적지 않다. 루터는 그의 결혼관 때문에 중세 교회와의 논쟁을 피할 수 없었는데, 그는 영혼의 목자로서 성도들의 메마르고 어그러진 양심의 문제를 바로잡아 주어야 했다. 루터는 옳은 성경 해석을 통하여 결혼과 관련한 성도들의 비참한 양심이 해방되기를 원했다.

루터에게 부부생활이야말로 하나님께서 세우시고 원하시는 축복된 삶이었다. 1525년 수녀 출신 카타리나 폰 보라(Katharina von Bora, 1499–1550)와 루터의 혼인이야말로 종교개혁의 실천이었다. 루터는 아내를 사랑했으며, 사랑스러운 자녀들을 두었고, 행복한 가정을 이루었다. 루터에게 중세 교회의 결혼에 관한 교황의 법은 "부끄럽고 … 화가 치밀어 오르는 수치스러운 법으로 소름끼치리만큼 많은 오용"을 불러일으킨 악법이었다.

루터는 세 가지 경우에 이혼이 가능하다고 보았다.

첫째, 남자 쪽이든지 여자 쪽이든지 신체적 결함과 자연적 이유로 결혼 생활을 유지할 수 없는 경우이다. "생육하고 번성하라"(창 1:28)고 하신 말씀을 이룰 수 없는 경우로, 어머니 태로부터 고자 된 자, 사람이 만든 고자, 천국을 위하여 스스로 고자 된 자(마 19:10–12)가 여기에 해당된다. 그렇지만 병든 경우에는 부부 의무를 가지고 병 낫기를 위해 인내로써 신실하게 섬겨야 한다.

둘째, 부부 중 한쪽이 음행을 한 경우이다. "이에 대해서 교황들은 침묵하였지만", 루터는 마태복음 19:3–9를 근거로 음행을 저지르지 않은 죄 없는 자가 혼인을 파기했다가도 마음을 바꾸어 다시 결혼할 수 있다고 했다. 루터에게 모세의 율법에는 영적 법과 세상 법이 공존한다. 영적 법은 하나님의 의를 가르치는 것으로 사랑과 순종을 요구한다. 루터에게 인간의 완악함 때문에 이혼증서를 주어 아내를 버리라는 말은 영적 통치를 받는 그리스도인들에게 주어진 법이 아니다. 당시 아내의 음행이 드러났을 때 살인까지를 포함한 잔인한 일이 발생할 수 있기에, 모세의 법은 차선책을 불신자에게 제시했다는 것이다. 루터는 상대의 음행 때문에 그리스도인들이 취할 수 있는 두 가지 행동을 언급하며 마리아를 향한 요셉의 태도를 모델로 제시한다. 성경은 요셉의 태도를 의롭다 하는데, 요셉이 사실을 드러내지 않고 비밀리에 마리아와의 관계를 끊고자 했기 때문이다(마 1:19). 한쪽이 음행을 저질렀음에도 잘못을 뉘우치고 거듭난 삶을 살고자 할 경우, 이를 숨기고 형제에게 행한 것처럼 벌을 가하고 품는다. 게다가 요셉이 하려고 했던 것처럼, 가만히 끊어 떠나게 한다.

> 이 두 가지 징벌을 그리스도적 징벌로 칭찬할 만하다. 그러나 만약 공개적으로 갈라지려면, 그래서 한쪽이 마음을 바꾸어 다시 재혼할 수 있으려면, 세상 공권력에 따라 조사를 받은 후 이혼증서를 받아야 하는데, 이럴 경우 상대의 음행은 모든 이에게 공개되어야 한다. 그렇지만 교회 공동체만 아는 가운데 헤어진다면, 세상 공권력은 이와 관련해 더 이상 간섭할 수 없다.

셋째, 고린도전서 7:4 이하를 근거로 이혼할 수 있는데, 아내가 자기 몸을 주장하지 못하며, 남편도 자기 몸을 아내가 주장한다는 말씀에 위배될 경우이다. 루터는 이 본문을 해석할 때 강압이 아닌 서로를 향한 사랑을 전제로 해야 함을 강조한다. 부부 사이에서 사랑의 의무를 저버리고 배려 없는 고집만을 내세울 때이다. 루터는 이혼 사유를 추가하는데, 고린도전서 7:10 이하 "믿지 아니하는 자가 갈리거든 갈리게 하라"와 전도서 7:26 "마음은 올무와 그물 같고 손은 포승 같은 여인은 사망보다 더 쓰다는 사실을 내가 알아내었도다"에 근거하여 그 여인을 피하여야 하나님을 기쁘시게 할 수 있는 경우이다.

질문

1. 루터는 그리스도인이 이혼할 수 있다고 주장하는데, 어떤 경우인가?

2. 결혼에 관한 중세 교황의 법에 대해 루터는 어떤 태도를 가졌는가?

양은 거짓 목자를 안다

1523年

종교개혁은 이제 새로운 질서를 세워나가야 했다. 사람들은 종교개혁의 실행과 관련해 루터에게 물었다. 교회를 어떻게 새롭게 정의해야 하는지, 교회가 어떤 일을 해야 하며 할 수 있는지, 그 근거는 무엇인지를 알고자 했다. 한 예로, 1522년 가을 독일 작센 주에 있는 라이스니히(Leisnig) 교회는 종교개혁자의 뜻에 따라 교회 생활을 새롭게 정립하기를 원했다. 비텐베르크교회가 앞서 경험해야 했던 혼란을 반복하고 싶지 않았다. 그래서 1523년 1월, 루터는 세 가지를 가르쳤다.

첫째, 교회는 모든 교리를 판단한다. 둘째, 교회는 선거를 통해 목회자를 청빙할 수 있고, 파면할 수 있다. 셋째, 이는 신약성경에 근거한다. 루터의 입장은 지금까지의 전통과 교회법에 반하는 새로운 것이었다.

독일 교회사가 하르낙(A. Harnack)은 종교개혁을 '교회법과의 단절을 가져온 혁명'으로 묘사하였다. 당시 라이스니히교회는 선거를 통해 새 목사를 선출했는데, 루터는 이를 정당하다고 인정하며 글을 썼다.[5] 루터는 이 글에서 로마 교회를 연상하게 하는 독일어 '키르헤'(Kirche)보다는 성도들의 모임 또는 공동체를 뜻하는 '게마인데'(christliche Gemeinde)를 사용했다. 루터에게 교회의 정의는 중요했다. "분명히 알아야 할 것은 교회 공동체는 순전한 복음이 선포되는 곳이어야 한다"는 사실이다. 복음이 살아 있지 못하고 인간적 교리만 난무하는 곳은 결코 교회일 수 없다. 교회는 교리를 판단하는 권한, 그리고 교회 교사와 목회자를 부르고 가게 하는 권한을 갖는데, 인간의 영혼은 영원한 것으로 하나님의 영원한 말씀으로만 다스려지고 무장되어야 한다. 그러기에 인간의 교리, 말, 법, 권리, 출신, 관습, 전통 등으로 판단되어서는 안 된다. 교황, 공회, 주교, 제후 그리고 모든 세상이, 아니 수천 년 동안 그렇게 시행되었다 할지라도 그것은 기준이 될 수 없다.

무엇이 기독교적이고 이단적인지를 판단하는 기준은 오직 하나님의 말씀이다. 우리 주님의 말씀대로, 주님의 양들은 주님의 음성을 알지만(요 10:27), 타인의 음성은 알지 못함으로 도리어 도망한다(요 10:5). 주교, 교황, 학자 그리고 모든 성도가 가르칠 권한을 위임받았다. 그러나 양들은 과연 그들이 그리스도의 음성을 가졌는지, 아니면 타인의

---

5 M. *Luther, Ausgewaehlte Schriften*, Bd. V, Karin Bornkamm und Gerhard Ebeling(eds.), (Insel Verlag, 1983), 7-18: "Dass eine christliche Versammlung oder Gemeinde Recht und Macht habe, alle Lehre zu urteilen und Lehrer zu berufen, ein- und abzusetzen, Grund und Ursache aus der Schrift 1523."

음성을 가졌는지를 마땅히 판단하여야 한다. 곧 우리 주님께서 마태복음 7:15절 이하에서 말씀하시는 대로, 양의 옷을 입고 나아오나 실질로는 노략질하는 이리인 거짓 선지자들을 분별하는 일이다. 루터는 판단의 주체가 양들이라는 사실과 가르침을 받는 회중 가운데가 아니라 단지 선생들 가운데 거짓 선지자가 있음을 강조한다. 그러기에 모든 선생은 마땅히 자신의 가르침을 회중의 판단에 맡겨야 한다. 동시에 회중들은 마땅히 "범사에 헤아려 좋은 것을 취해야"(살전 5:21) 한다.

지금까지 중세 교회에서는 말씀을 듣고 가르침을 받는 일반 교인들이 수동적인 자세만을 취하였다면, 이제는 회중의 적극적 역할이 얼마나 중요한지를 루터는 깨우치고 있다. 루터는 세례를 받은 모든 성도의 영적 제사장 됨을 외치며 그들의 정체성을 새롭게 할 뿐 아니라, 신약의 수많은 성경 구절을 제시하며 그들의 책무를 주지시킨다. 구원 받은 모든 성도는 영적 제사장으로서 그 어떤 인간적 부름과 상관없이 회중 앞에 나서서 가르칠 수 있고, 마땅히 그렇게 해야 한다. 특히 교회 지도자들이 다른 길로 갈 때는 더욱 그러하다는 것이다.

질문

1. 루터에가 말하는 종교개혁을 실천에 옮기는 3가지 원칙은 무엇인가?

2. 루터가 교회를 정의할 때 기꺼이 사용한 단어는 무엇이며, 그 의미는 무엇인가?

017
예배를 개혁하다

1523年

루터가 몸담고 있는 비텐베르크교회와 함께 라이스니히교회는 발빠르게 종교개혁 정신을 따라 개혁을 구체화했다. 라이스니히교회는 새로운 교회법에 따라 공동의회를 통해 목사를 모셔 왔고, 지금까지 행해졌던 라틴어 미사 규례(Formula missae et communionis)와는 다른 예배 개혁을 추진했다. 1523년 루터는 라이스니히교회에 '교회 예배 규례에 관하여'(Von Ordnung Gottesdienstes in der Gemeinde)라는 글을 보냈다. 루터는 이 글에서예배와 말씀 선포, 아침과 저녁 기도회, 찬송과 기도, 한 시간을 적정선으로 하는 지루하지 않은 예배, 성찬식을 집례하는 주일 예배와는 다른 성격의 평일 예배, 성경에 근거한 교회 절기에 관해 말하였다. 루터에게 예배는 교회사적으로 목사직과 같이 고유한 그리스도적 뿌리를 가지는데, 영적 폭군들 때문에 아쉽게도 설교가 부패한 것처럼, 예배도 위선자들 때문에 부패하였다는 것이다.

루터는 세 가지 면에서 예배가 잘못된 길로 갔다고 분석한다.

첫째, 예배 가운데 하나님의 말씀이 사라졌다. 말씀이 침묵하는 대신 다른 것이 그 자리를 차지했는데, 이것이야말로 "가장 나쁜 변질"이었다.

둘째, 하나님의 말씀이 자취를 감춘 후 참으로 역겨운 비기독교적 우화, 거짓말, 노래, 그리고 이야기가 그 자리에 들어왔다.

셋째, 예배의 근본이 되어야 할 믿음이 사라지고, 예배는 하나님의 은혜와 축복을 구하는 하나의 업적으로 변질되었다. 결국 예배는 수도사와 수녀를 양성하는 수단이었다.

이렇게 타락한 예배를 폐지하기 위해서 하나님의 말씀이 선포되지 않는 예배에는 성도들이 참석하지 않아야 한다는 것이 루터의 입장이었다. 루터는 근거로 시편 102:22 이하와 고린도전서 14:31을 가져온다. 예배 중 하나님의 말씀이 선포되지 않을 때는 찬송도 그 어떤 낭독도 하지 않아야 하고, 더 나아가 아예 모이지 않아야 옳다. 사도 시대에는 매일 새벽 4시 또는 5시에 함께 모여 한 시간씩 하나님의 말씀을 읽은 후 그 말씀을 설교자가 강해할 때 모두가 마땅히 하나님의 말씀을 깨닫고 배우며 서로를 향해 권면하였음을 루터는 상기한다. 고린도전서 14장을 근거로 하여 루터는 초대 교회의 모임을 모델로 제시한다. 한 사람이 방언할 때 다른 사람이 통역을 하며, 어떤 사람이 예언할 때 다른 사람이 이를 분별하는, 그런 역동적 예배 모임을 기꺼이 제시한다.

더 이상 아무것도 기대할 수 없는, 수도원 벽만을 응시하는 중세 교회의 지루한 미사를 루터는 멀리한다. 성도들이 규칙적으로 함께 모여 성경 한 장 내지 두 장을 또는 반 장을 한 시간 내지 30분 정도 낭독하고, 서로서로 하나님의 은혜를 감사하며 하나님께 경배하고 그 말씀이 삶에서 열매를 맺도록 기도할 것을 권한다. 이러한 일들은 결코 피곤하고 지루하지 않도록 오래 끌지 않아야 함을 루터는 강조한다. 저녁 4시 내지는 5시경에 함께 모여 구약 선지서를 정해 한 장씩 읽어 가고, 아침에는 모세오경과 역사서를 읽고 강해해 나감이 좋다. 성경을 바꾸어 읽어 가도 좋다. 그런 후 하나님의 말씀을 강해하고 찬송하고 기도하는 시간을 갖는다. 경건 모임은 한 시간 정도가 적당하고, 모든 예배 순서는 하나님의 말씀과 관련이 있어야 한다.

이러한 경건 모임이 있었기에 초대 교회는 아름다운 그리스도인을, 그리고 순교자들을 배출하였다고 루터는 말한다. 역사적으로 놀라운 사실은 고린도전서 14장에 근거하여 루터가 제안한 이 경건 모임이 17세기 경건주의의 표식이 되었다는 점이다. 후일 이 모임은 '교회 속의 작은 교회'(Ecclesiola in Ecclesia) 또는 '경건 모임'(Collegium pietatis)으로 불리며 교회 부흥의 불씨를 지폈다.

질문

1. 루터가 말하는 예배의 타락을 세 가지로 말하시오.

2. 루터가 제안한 한 시간 정도의 경건 모임을 설명하시오.

018

종교개혁의 첫 순교자

1523年

종교개혁 첫 순교 사건이 브뤼셀에서 발생했다. 1523년 7월 1일 브뤼셀에서 아우구스티누스 수도회 소속 수도사 하인리히 뵈스(H. Voes)와 요한 폰 에셴(J. von Eschen)이 화형을 당했다. 두 순교자는 루터의 가까운 친구 수도원장 야콥 프롭스트(Jakob Propst)의 설교를 듣고 종교개혁에 매료되었다. 그들은 종교 재판에 넘겨질 것이라는 압력에도 불구하고, 굽히지 않고 화형장의 죽음을 선택하였다.

이에 루터는 깊은 충격을 받았고, 그들의 순교 신앙에 큰 경의를 표하며, 장례식의 조사와 같은 글을 뜨거운 가슴으로 썼다. 이 편지는 1523년 7월 말이나 8월 초 쓴 것으로 추정되는데, 현재까지 인쇄본이 남아 있다. "Die artickel warumb die zwen Christliche Augustiner Muench zu Bruessel verprandt sind"라는 제목의 편지로, 번역하면 "기독교적인 아우구스티누스 수도회 소속 두 수사가 브뤼셀에서 화형당한 이유에 관한 글"이다. 이 글은 슬픔을 당한 두 형제들을 향한 위로와 당시 말할 수 없는 시련 가운데서도 결코 위축되지 않은 채 드려지는 하나님을 향한 감사와 찬양으로 글의 분위기는 장엄하고 필체는 힘이 넘친다.

　　루터는 이 글에서 환난 가운데 있는 브뤼셀의 성도들을 위로하기 위해 많은 성경 구절을 인용한다. 아가, 시편, 로마서, 이사야, 마태복음 등이다. 루터는 교회의 대 지도자다운 모습으로 그리스도 안에 있는 교회의 지체된 모든 성도를 향해 아버지 하나님과 우리 주 예수 그리스도로부터 오는 은혜와 평화를 기원하며 글을 시작한다. 특히 환난 가운데 있는 홀란드, 브라반트, 플랑드르 지역에 거하는 사랑하는 모든 형제를 먼저 하나하나 부른다.

　　모든 긍휼의 아버지께 경배와 감사를 드린다. 하나님은 이 시대 우리에게 다시금 놀라운 빛을 보게 하셨다. 그 빛은 우리의 죄악 때문에 이제까지 드러나지 못했고, 그 죄악은 우리를 극악한 어둠의 폭력에 내팽개쳤다. 치욕적인 잘못을 범하게 했으며, 결국 적그리스도까지 섬기게 했다. 그러나 이제 지면에는 꽃이 피고, 새가 노래하며, 비둘기의 소리가 우리 땅에 들리는 때(아 2:12)가 도래했다. 이러한 기쁨 가운데 나의 가장 사랑하는 형제들, 너희만이 몫을 감당한 것은 아니며, 너희는 가장 앞선 자들이 되었고, 우리는 그곳에서 그 놀라운 기쁨과 희열을 누렸다. 모든 만방에 복음을 들려주며, 그리스도를 깨닫게 하기 위해 두 사람은 첫 열매가 되었다. 그리스도 때문에 모욕, 불안 그리고 창피를 당하고, 위기와 고난을 당했으며, 그리고 감옥에 처했다. 그들이야말로 순교의 피를 흘림으로써 신앙의 열매들과 강함을 보여 주었다. 브뤼셀에 사는 성도들은 그리스도의 거룩한 찬송이 된 하인리히와 요한네스를 가졌다. 그들은 자신의 목숨을 버림으로써 하나님의 말씀과 함께 그리스도께 찬양을 돌렸다. … 오, 얼마나 비참하게 두 영혼이 살해당했던가! 그러나 그들은 놀라운 영광과 영원한 기쁨 가운데 그리스도와 함께 다시 와서 불의로 심판했던 그들을 옳게 심판할 것이다! … 두 영혼을 보며 모든 천사가 얼마나 큰 즐거움을 누리고 기쁨을 보았는지! 그 불이 얼마나 놀랍게 이 치욕스럽고 죄된 삶에서 벗어나 영원한 영광에로 나아가도록 도우셨는지! 하나님, 영광을 받으소서! 하나님, 영원히 찬송합니다! 우리는 진실로 이 시대에 거룩하고 참된 순교자를 보았고, 들을 수 있는 경험을 했다. 우리는 실로 지금까지 엉터리 성인들을 높였고 경배했다. … 그럼으로 나의 가장 사랑하는 형제들이여, 그리스도 안에서 위로를 받고 기뻐하기 바란다. 우리 가운데서 행하시고 시작하신 그의 거대한 이적과 기적에 감사하자. … 지금이 바로 하나님의 나라가 말로가 아닌 능력으로 임하는 때다. 이러한 때 우리가 들어야 할 말씀은 '너희가 환난을 당하나 즐거워하라'(롬 12:12)이다. … 우리가 현재 환난을 만나더라도, 하나님의 강력한 위로의 약속을 붙들면, 우리의 마음은 새로워지고, 좋은 용기를 얻게 되며, 기쁨으로 우리 자신을 기꺼이 주님께 죽음으로써 드릴 수 있다.

끝으로 루터는 당부한다. 이러한 때일수록 사랑하는 믿음의 형제들이 서로서로 위로의 손을 내밀고, 모두가 한마음으로 우리의 대장되신 예수 그리스도를 강하게 붙들며 은혜 안에 더욱 굳건히 거할 것을 요청한다.

질문

1. 종교개혁에서 발생한 첫 순교 사건은 왜, 언제, 어디서 일어났는가?

2. 화형으로 순교를 당한 두 인물에 대해 루터는 어떻게 글을 썼는가?

019

루터의 담임목사 부겐하겐

1523年

주를 바라라. 언제나 어느 때고 … 하나님은 우리의 신뢰이시

니(부겐하겐)

요하네스 부겐하겐

루터는 비텐베르크 시 교회인 성 마리아교회의 교인이었다. 루터의 담임목사는 출신지를 따라 폼머(Pommer) 박사라고도 불렸던 부겐하겐(Johannes Bugenhagen, 1485–1558)이었다. 그는 루터, 멜란히톤을 이어 비텐베르크 "제3의 종교개혁자"로서 비텐베르크대학교의 성경해석학 교수였고, 루터의 가까운 동료였다.

부겐하겐은 루터의 『교회의 바벨론 포로』를 읽고 감동을 받아 루터에게 편지를 썼고, 루터는 그를 향한 호감을 표시하며 그에게 자신의 글『그리스도인의 자유』를 보냈다.

　부겐하겐은 루터의 글에 깊은 감명을 받았고, 급기야 비텐베르크까지 와서 루터와 멜란히톤을 만났으며, 1521년 3월에는 종교개혁 신학을 공부하기 위해 아예 비텐베르크로 이사를 했다. 부겐하겐은 멜란히톤과 지근거리에 살면서 돈독한 관계를 유지하였는데, 여기서 일생의 별칭 폼머가 생겨났다. 물론 루터의 집도 가까이 있었는데, 이렇듯 세 사람은 비텐베르크에서 서로를 신뢰하는 종교개혁자들이 되었고, 급기야 부겐하겐은 루터의 담임목사가 되기에 이르렀다. 1523년 10월, 부겐하겐이 비텐베르크 시 교회인 성 마리아교회의 담임목사로 오게 된 것은 루터의 추천이 결정적이었다.

비텐베르크 성 마리아교회 내부

부겐하겐은 종교개혁 정신에 입각한 새로운 교회법을 만들었는데, 브라운슈바이크, 브라운슈바이크-볼펜뷔텔, 덴마크, 함부르크, 힐데스하임, 홀슈타인, 뤼벡, 노르웨이, 포메른 그리고 슐레스비히의 교회법이 그의 작품이었다. 비텐베르크 시 교회의 교회법은 1522년 1월 요나스와 함께 만들었는데, 취지는 만인사제설에 근거하여 일반 성도가 함께 참여하는 교회 예식을 형성하는 것이었다. 부겐하겐은 1524년에 결혼예식서를, 1525년에는 '독일 미사'와 1526년에는 '세례 예식서'를 루터와 함께 만들었으며, 1529년에는 루터의 '결혼 예식서'를 '일반 목회자를 위한 결혼 예식서'로 만들어 교회법을 형성하였다. 이렇듯 부겐하겐의 교회법은 교황청의 중세 교회법에 맞서는 중요한 종교개혁의 일환이었다. 부겐하겐은 루터의 성경 번역에도 힘을 보태 복음적 교회 형성에도 공을 세웠다. 부겐하겐은 루터의 결혼식 주례, 그의 자녀들의 세례, 그리고 그의 마지막 장례식 하관 예배 설교까지 담당하였다. 부겐하겐은 종종 너무 길게 주일 설교를 해서 루터로부터 유머 섞인 비판을 받았지만, 부겐하겐은 루터의 신실한 추종자, 고해 목사, 담임목사, 가까운 친구였다. 한동안 부겐하겐은 많은 업무, 병 그리고 출타 등으로 비텐베르크교회 사역을 감당할 수 없었는데, 그가 복귀하기까지 루터가 그 자리를 대신하기도 했다. 부겐하겐은 죄는 율법을 어기는 정도가 아니라 인생 자체가 죄악이고, 그리스도로 말미암아 거룩해진 후에도 그러하다고 말했는데, '그리스도인은 의인이면서 동시에 죄인'이라는 루터의 주장과도 통한다. 1529년 루터는 츠빙글리, 외콜람파디우스, 부처 등과 함께했던 성찬과 관련한 토론 결과를 아내에게 편지로 전하면서, 담임목사이며 같은 동료 교수인 부겐하겐에게도 알릴 것을 요청하는데, 이는 루터가 얼마나 그를 신뢰하는지를 잘 보여 준다.

1540년 루터는 슈말칼덴에서 비텐베르크의 동료 네 사람에게 한 장의 편지를 보냈는데, 수신인은 루터가 "매우 저명한 사람들"라 일컫는 요나스, 부겐하겐, 크루치거 그리고 멜란히톤이었다. 루터는 이 네 사람을 "그들의 상급자이신 그리스도의 신실한 종들이며 신앙고백자들"이고, "최고의 사람들"로 평가한다.

질문

1. 루터의 담임목사는 누구이며, 어떤 인물이었나?

2. 루터는 담임목사를 어떻게 대했는가?

020

농민 전쟁을 반대하다

1525年

　1521년 이후 많은 사람들이 루터의 종교개혁을 지지하고 나섰지만, 종교개혁 과정은 순탄하지 않았다. 종교개혁이 싸워야 할 전선은 양쪽이었다. 한쪽은 로마 교회였고, 다른 한쪽은 내부였다. 농민 전쟁은 안에서의 싸움이었다. 본래 농민 전쟁의 주역 토마스 뮌처(Thomas Müntzer)는 루터의 추종자로서 루터는 1524년, 그를 츠비카우의 목회자로 추천했었다. 1524년 6월 23일 시작된 농민 봉기는 독일어권인 남부 독일, 튀링겐, 오스트리아 그리고 스위스로까지 확대되었다. 1525년 3월, 메밍겐의 로처(S. Lotzer)가 인간 권리 회복을 위해 작성한 12조항을 외치며 시작된 농민 봉기는 1525년에 슈바벤, 프랑켄, 알자스 그리고 튀링겐 지역으로, 1526년에는 작센과 티롤에까지 번졌다. 규모는 수천에서 수만 명에 이를 정도로 많은 농부들이 함께했다. '농민 전쟁'(Bauernkrieg)이라는 말은 1525년부터 사용되기 시작했고, 루터 역시 이때부터 농민 봉기를 비판하기 시작하였다.

토마스 뮌처

뮌처는 어려움에 처한 농민들을 해방시키고자 폭력까지도 사용하기를 주저하지 않았다. 뮌처는 공정한 새로운 세상을 꿈꾸었는데, 모든 특권이 사라지고, 수도원들이 해체되며, 노숙자들에게 숙소가 제공되고, 가난한 자들에게 양식이 제공되는 세상이었다. 이를 위해 뮌처는 모든 사람이 재물을 공유하며, 동일하게 노동에 참여하고, 지배 권력이 사라져야 함을 주장했다. 이에 많은 농부들이 호응하여 농민 전쟁에 참여했으나, 결국은 그 뜻을 이룰 수 없었다. 뮌처는 1525년 5월 체포되었으며, 고문당하였고, 참수형으로 세상을 떠났다.

루터는 여러 지역의 농민 전쟁을 보며, 적지 않은 글들에서 그들을 육적 자유를 추구하는 자들로 정죄하였다. 1525년 루터는 그들에게 강도(Raeuber), 살인배(Moerder), 폭도(Rotten)라는 보다 엄한 표현을 사용하며, 봉기에 호응한 농민들을 비판하였다. 루터에게는 그들이야말로 평화를 깨뜨리고 분란(Aufruhr)을 일으키는 몹쓸 무리였다. 특히 루터는 앞에 언급한 12조항에 대해서 반대 입장을 분명히 했다.[6] 루터는 이 농민 봉기와 관련해 처음에는 판단을 유보하며 그들의 권리 주장과 농민 계몽을 향한 노력에 귀를 기울였다. 그러나 그들이 자

---

6 M. Luther, *Ausgewaehlte Schriften*, Bd. VI, 19-171. 농민 전쟁과 관련한 루터의 여러 글들이 여기에 제시되고 있다.

신들 본래의 취지를 망각하여 약탈하고 난폭하며 너무 멀리 나가 날뛰는 미친개와 같이 행동하는 것을 볼 때, 거기다 결정적으로 "12조항을 복음의 이름으로 잘못을 덮어씌울 때" 루터는 더 이상 가만히 있을 수 없었다. 한마디로 말해서 루터에게 그들이 하는 짓은 "마귀의 짓"(Teufelswerk)이었고, 그들은 "마귀의 괴수"(Erzteufel) 같은 모습이었다. 루터는 그들이 처음 말한 대로 행동하지 않을 뿐 아니라, 순진무구한 가난한 사람들을 허황되고 잘못된 길로 유혹한다고 보고 방관할 수 없었다.

루터는 그들이 세 가지 면에서 하나님과 사람에게 죽을죄를 범한 것으로 보았다.

첫째, 하나님께서 세우신 세상 권세에게 사람들은 마땅히 순종해야 하는데, 그들은 고의적으로 그리고 외람되게 이를 어겼을 뿐 아니라, 그들을 무너뜨리려고도 했다.

둘째, 그들은 두 번째로 마땅히 죽을죄를 지었는데, 폭도들이 되어 미친개처럼 강도질과 도둑질을 하며 수도원과 성을 약탈하고 사람들을 죽인 것이었다.

셋째, 그들은 이런 사악한 범죄를 행하면서 그것이 복음의 요청이라는 넋두리를 늘어놓는데, 이것은 소스라칠 정도로 깜짝 놀랄 중죄이다. 그들은 그들 스스로를 그리스도의 형제라 부르며 서로에게 서약과 충성을 하니, 참으로 경악을 금할 수 없다. 그들이야말로 가장 거대한 신성 모독자요, 파렴치한이다. 곧 그들은 복음의 외양을 가진 마귀들이다.

질문

1. 루터가 싸워야 할 두 상대는 누구인가?

2. 루터가 농민 전쟁에 대해 취한 입장은 무엇인가?

021

찬송도 말씀 선포의 한 장르

1524/45年

　　루터에게 찬송은 설교와 함께 말씀 선포의 또 다른 장르였다. 루터는 찬송을 통해서도 하나님의 말씀을 전한다고 이해했다. 찬송에 대한 루터의 이해는 코페르니쿠스적 전환으로 충분히 개혁적이었다. 이러한 루터의 입장은 만인사제설과 깊은 연관이 있었다. 세례 받은 모든 성도는 영적 신분이 모두 동일하고 차별이 없는 왕 같은 제사장이었다 (벧전 2:9). 루터는 1524년부터 1542년까지 찬송가에 서문을 썼다.

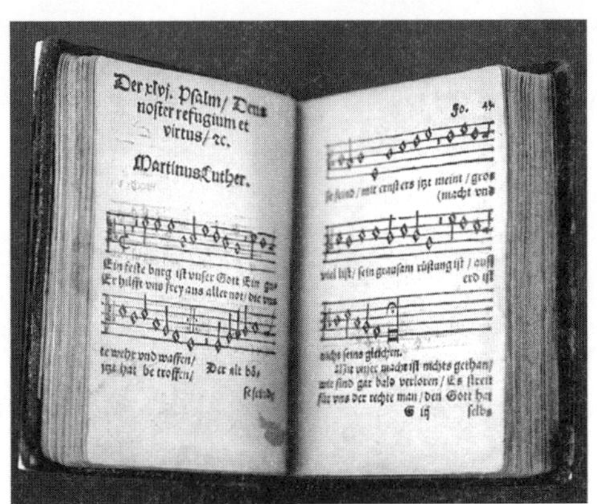

루터가 펴낸 찬송가(왼쪽)와 클루크가 1529년 개편한 찬송가
　('내 주는 강한 성이요' 수록)

영적 노래를 부르는 일은 좋은 것이며 하나님께서 기뻐하신다. 그러기에 성도들은 찬송하기를 주저하지 말아야 한다. 구약의 선지자들이나 왕들도 노래와 악기로, 그리고 시로 하나님을 경배하였다. 특별히 시편은 이를 잘 보여 준다. 초대 기독교도 이를 여실히 보여 준다. 사도 바울도 고린도전서 14:15, 26 그리고 골로새서 3:16에서 신령한 노래와 시편을 노래함으로써 마음으로 주를 찬양할 것을 권한다(1524년).

루터는 찬송을 통해 하나님의 말씀과 그리스도교 교리가 어찌하든지 퍼져 가고 선포되기를 소망한다. 그런 맥락에서 루터는 복음적 찬송을 처음부터 한 데 모아 찬송가를 새롭게 만들고 싶어 했다. 하나님의 은혜로 종교개혁을 통해 다시 떠오른 거룩한 복음으로, 출애굽기 15장에서 모세가 그의 찬송 가운데 그렇게 했던 것처럼, 그리스도는 우리의 경배를 받고 찬송을 받으셔야 한다. 사도 바울이 그랬던 것처럼, 우리의 구원 주 예수 그리스도만을 노래하고 말하는 찬송이어야 한다(고전 2:2).

루터는 4부로 이루어진 악보도 기꺼이 제안한다. 청소년들을 위해 교회 음악이 예술적으로도 모자람이 없을 뿐 아니라 다양하여 재미도 있음을 그들로 하여금 경험하도록 해야 한다고 말했다. 그래야 세상 음악에 청소년들을 빼앗기는 일을 사전에 예방할 수 있다는 것이다. 어떤 사람들은 복음이 모든 예술을 경멸하여 그것을 바닥에 내친다고 생각하는데, 루터는 이러한 생각에 동의하지 않으며, 도리어 모든 예술 중 특히 음악은 그것을 우리에게 주시고 만드신 하나님을 섬기는 데 기꺼이 활용될 수 있다고 생각했다.

1529년 루터는 양적으로 늘어난 비텐베르크 찬송가에 다시 서문을 썼다. 루터에게 찬송의 목적은 오직 하나님께만 영광이었기에 사람의 이름은 결코 추구될 수 없었다. 1538년 루터는 찬송가 서문에서 찬송의 기쁨이 얼마나 놀라운지를 아낌없이 서술한다. 찬송할 때 나쁜 용기는 사라지고, 분노, 싸움, 미움, 질투, 마음의 아픔, 염려와 근심, 슬픔이 물러간다. 찬송과 함께 누리는 기쁨은 결코 죄가 될 수 없는데, 무엇보다 하나님께서 그 찬송을 기뻐하시기 때문이다. 중세 수도사 루터에게 기쁨의 표현은 조심스러웠을 것이다. 그럼에도 루터에게 찬송의 기쁨은 다윗에게처럼 사탄의 일들을 무너뜨리며 사악한 죽음을 물리치는 힘이었다. 무엇보다 찬송은 우리의 영원한 구원의 감사를 하나님께 드린다. 1542년 루터는 독일어와 라틴어 장례식 찬송 독자들을 향해 글을 썼다. 그리스도인들이 장례식에서 찬송하는 일과 관련하여 하나님의 아들이신 예수 그리스도의 보혈로 구원받은 성도들의 죽음은 그리스도의 포근한 품 안에서 또는 낙원에서 안식의 잠에 드는 것이기에, 영광 가운데 부활할 것을 기다려야 한다고 말했다. 소망이 없는 불신자들이 하듯 슬퍼하거나 눈물을 흘리는 일로만 죽음을 생각해서는 안 된다.

우리는 죽음을 맞아 슬픔과 통곡의 노래를 부를 것이 아니라, 죽음을 맞은 믿는 자들의 죄악의 용서, 안식, 영혼의 잠, 생명, 부활을 기억하면서 위로의 찬송들을 불러야 한다. 그로 말미암아 우리의 신앙을 강화하며 바른 묵상 가운데 사람들이 힘을 낼 수 있다.

우리 믿음의 조상들 아브라함, 이삭, 야곱, 요셉도 죽음을 맞이했으나, 이러한 영광 가운데 맞이했다. 이는 우리가 사도신경에서 고백하는 죽은 자의 부활을 믿는 성도들의 마땅한 태도이다. 루터는 철저하게 신약성경에 근거한 복음적 장례 찬송을 제시한다. "평화와 기쁨 가운데 나는 본향으로 갑니다." 이러한 모습은 죽음을 무서운 연옥으로 몰아갔던 중세와의 차이점이다.

질문

1.루터에게 찬송과 말씀의 관계는 무엇인가?

2.루터에게 장례식 찬송의 의미는 무엇인가?

022

목사도 죽음을 피해야 하나

1527年

14세기부터 19세기까지 흑사병은 유럽 전역에서 주기적으로 인간의 생명을 무참히 앗아 가는 무서운 전염병이었다. 취리히의 종교개혁자 츠빙글리는 1520년 초 흑사병에서 구사일생했는데, 1525년에는 '페스트의 노래'를 직접 만들어 고난에 처한 사람들을 위로하였다. 1525년 브레슬라우에서도 흑사병이 일어났다. 도시는 조례를 통해 도시를 떠날 것을 발표하였다. 하나의 물음은 전염병의 죽음을 피해 목회자도 강단을 비운 채 피난을 갈 수 있는지 여부였다.

이에 루터는 1527년에 "죽음을 피해 도망쳐야 하는지"라는 글을 썼다. 루터가 거주하는 비텐베르크에도 흑사병이 발생했다. 루터는 예방 차원에서 1527년 7월 말부터 10월 말까지 함께 모이는 사역을 중단하였다. 하지만 1527년 8월부터 12월까지 비텐베르크에도 불청객 흑사병은 여지없이 찾아들었다. 상당수 교수들과 학생들이 예나(Jena)로 거처를 옮겨야 했다. 흑사병이 비텐베르크에 본격적으로 퍼졌을 때, 선제후 요한이 예나로 피신할 것을 명하였지만, 루터는 동료 부겐하겐, 그리고 몇몇 교회 사역자들과 함께 비텐베르크에 남아 목자로서 강의와 설교를, 그리고 사역을 중단하지 않았다(H.C. Knuth). 루터는 글을 통해서 어떻게 신앙인이 자유를 행사해야 하는지, 어떻게 고통당하는 이웃에게 사랑을 실천해야 하는지를 보여 주었다.

루터는 그리스도인이 비겁함과 운명론을 어떻게 물리쳐야 하는지를 가르쳤다. 루터는 브레슬라우의 목회자 요한 헤쓰 박사에게 글을 썼다. 성도가 죽음을 피할 수 있는지를 헤쓰가 물어 왔기 때문이다. 이에 루터는 모든 자비의 전능하신 하나님께서 성령을 통해 자신의 자녀들에게 그리스도 안에서 모든 총명과 진리로 이와 관련해 넉넉히 말씀하시지 않는지 반문한다. 루터는 수많은 성경 구절을 통해 고난과 죽음을 대하는 성도의 자세를 가르치며 언급한다. 그 죽음이 하나님의 벌일 때, 우리의 죄로 말미암아 그 죽음을 받아들여야 할 때, 옳고 견고한 신앙 안에서 도망치지 말아야 한다. 그 죽음을 피하는 것은 정당하지도 않고, 바른 신앙도 아니다. 하나님의 말씀 때문에 옥에 살아야 해서 하나님의 말씀을 부인해야만 한다면, 그런 경우 루터는 차라리 죽음을 선택하라고 한다.

루터가 가져오는 말씀은 "오직 몸과 영혼을 능히 지옥에 멸하실 수 있는 이를 두려워하라"(마 10:28)이다. 요한복음 10:15을 가져와 영적 직분자의 죽음에 대한 분명한 자세를 가르친다. "아버지께서 나를 아시고 내가 아버지를 아는 것같이 나는 양을 위하여 목숨을 버리노라." 목자는 하나님의 말씀과 성례를 지키기 위해 모든 각오를 해야 한다. 물론 종교개혁자 루터의 모습이 부각되는 순간이라고 생각한다. 이러한 태도는 시장이나 권세자에게도 하나님의 종들로서 예외는 아니다(롬 13장). 그렇지 않을 경우 그들 역시 믿음을 배반한 자들이 된다(딤전 5:8). 고아들의 이웃들은 그들의 친구로서 배고픔과 질병에서 그들을 지키고 보호해야 할 의무를 가지고 있다.

루터는 많은 성도들이 이 글을 인쇄하여 함께 읽을 것을 원한다. 흑사병으로 말미암아 죽음에 대한 두려움이 가득할 때, 루터는 영혼의 목자로서 주님의 진리로 양 떼들을 가르치고 강단에서 기꺼이 이를 선포하고자 했다. 더 나아가 루터는 세상을 비진리의 독에 빠지게 하고 그 독을 퍼뜨리는 "가장 거대한 영적 흑사병"을 모두가 힘을 다해 물리쳐야 함을 강조한다. 루터에게는 로마 교황청과 이단들의 잘못된 성례이해가 이에 해당된다. 무엇보다 루터는 주님의 은혜가 뜨거운 사랑으로 성도를 그 날에 이르기까지 지켜 줄 것을 간절히 기도한다.

질문

1. 그리스도인과 죽음을 포함한 고난의 관계는 어떠한가?

2. 고난당하는 자를 향한 목회자의 바른 태도는 무엇인가?

   022 · 목사도 죽음을 피해야 하나

023
개인 신앙고백을 만들다

1528年

1530년 종교개혁 최대의 신앙고백 「아우크스부르크 신앙고백」이 루터의 동료 멜란히톤의 헌신으로 말미암아 공교회적으로 세상에 공포되었다. 2년 앞선 1528년에 루터는 개인 신앙고백을 일목요연하게 세상에 공포했는데, 당시 혼란스럽기까지 한 종교 지도자들의 다양한 교리 때문이었다. 루터는 혼란스러운 교리를 사탄의 계략으로 생각했다. 무엇보다 보이는 말씀인 성찬과 세례의 분명한 이해를 제시하고자 했는데, 취리히의 종교개혁자 츠빙글리의 성례 이해를 반박해야 했다. 루터는 에라스무스의 자유의지에 맞서 원죄 이해와 오직 믿음을 내세웠고, 행위 구원의 정점이라 말할 수 있는 수도원주의를 반대했으며, 사랑으로 역사하는 믿는 자의 세상에서의 책임을 분명히 제시했다. 루터는 주관주의와 신비주의를 벗어나 성경에 교리의 근거를 두었다.

루터는 사도신경의 연장선에 서되, 오직 성경을 따라, 바른 성도들이 믿고 고백할 수 있는 공동체 신앙고백을 만들고자 했다. 루터는 성경과 전통을 따르되, 시대가 요구하는 그러면서도 잘못된 신앙을 정죄하는 신앙고백을 제시하고자 했다. 루터는 초대 교회가 잘못된 교리로 정죄했던 것을 받아들이면서도, 형식은 자신의 시대에 맞게 바꾸었다. 특별히 루터는 기도하는 가운데 술을 멀리하고 가장 맑은 정신으로 하나님의 말씀을 깊게 묵상하면서 신앙고백을 만들었다.

결국 루터 개인의 1528년 「신앙고백」(Bekenntnis)은 1530년 루터교회의 「아우크스부르크 신앙고백」(Augsburger Bekenntnis)으로 편입되어 루터교회 신앙고백의 모태가 되었다(O. Bayer).

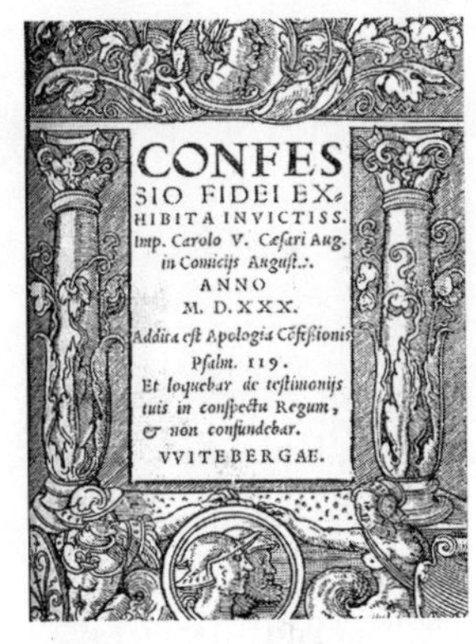

아우크스부르크 신앙고백

루터는 먼저 세 가지를 분명히 해야 했다. 아버지, 아들 그리고 성령의 삼위일체이신 모든 만물의 창조자 성부 하나님, 참 하나님이시며 참 사람이신 중보자 성자 예수 그리스도, 그리고 아버지, 아들과 함께 참 하나님이시고 아버지와 아들로부터 오신 영원하신 하나님 성령을 루터는 고백한다. 루터는 땅 위에 있는 거룩하고 그리스도적인 하나의 교회를 믿는다. 그 교회는 그리스도의 신부로서 그리스도의 영적 몸이고, 예수 그리스도는 교회의 유일한 머리이시다. 연옥은 성경 그 어느 곳에서도 말하지 않기에, 교회에서 가르쳐서는 안 된다. 교황 교회가 주는 면죄부는 불경스런 사기이다. 복음과 성례만이 죄를 용서하는데, 하나의 특별한 죄 용서를 조작하여 바른 죄 용서를 부끄럽게 할 뿐 아니라 가치를 떨어뜨렸다. 면죄부는 예수 그리스도의 십자가를 충분한 죄 용서로 인정하지 않게 만들었다. 루터는 자유 의지를 찬양하는 모든 교리를 오류로 정죄하는데, 구주 예수님의 도우심과 은혜를 대적하기 때문이다. 루터는 세례와 성찬만을 성례로 인정하는데, 성령께서 성례를 통해 넉넉하게 죄를 사하신다. 만약 미사를 하나의 제물이나 선행으로 가르친다면, 이는 가장 거대한 만행이다. 루터는 예배당의 성화, 종, 가운, 교회 보석, 제단 촛불 등으로부터 자유하라고 역설한다. 끝으로 루터는 말한다.

> 이것이 나의 신앙이다. 모든 바른 성도가 그렇게 믿고, 성경이 그렇게 가르치기 때문이다. … 나는 이 신앙 안에 견고히 설 것이며, 이 신앙과 함께 내 생을 마감할 것이다.

질문

1. 루터의 개인 신앙고백은 언제 나왔으며, 이름은 무엇이고 어떻게 되었나?

2. 연옥에 대한 루터의 입장은 무엇인가?

아내에게 츠빙글리를 말하다

1529年

　루터의 아내 카타리나 폰 보라는 작센 지방의 귀족 가문에서 1499년 1월 29일 태어났다. 1517년 종교개혁이 일어나자, 수녀였던 그녀는 루터의 글을 읽고 1523년 고난주간에 11명의 수녀와 함께 수녀원을 뛰쳐나왔다. 비텐베르크대학교 교수 카스파르 글라츠(Kaspar Glatz)의 프러포즈도 거절한 그녀는 16세 연상의 루터와 결혼하여 21년 동안 함께했다.

　1546년 루터가 세상을 떠난 후, 그녀는 무서운 흑사병을 피해 비텐베르크를 탈출해서 토르가우로 향하는 중 사고를 당해 결국 1552년 12월 20일 세상을 떠나야만 했다. 사람들은 카타리나를 루터의 강력한 동료, 좋은 사업가, 훌륭한 아내, 헌신적인 어머니로 묘사한다.

카타리나 폰 보라의 500번째 생일을 맞아 1999년 발행된 독일 특별 우표

1529년 10월 4일 루터는 아내에게 첫 편지를 썼다. 1525년 6월 13일 결혼했으니, 4년 만에 아내에게 쓴 편지이다. 이를 시작으로 루터는 아내에게 종종 편지를 보냈다. 1530년 2회, 1532년, 1534년, 1537년, 1540년, 1541년 그리고 1545년에 각 1회를, 1540년 4회, 1546년 1월에 1회, 2월에 집중적으로 5회를 보냈다. 루터가 1546년 2월 18일에 세상을 떠났으니, 1546년 1월과 2월에 아내에게 보낸 6회의 편지는 그의 유언과도 같을 것이다. 루터는 1546년 2월 14일에 생애 마지막 편지를 썼는데, 한 통은 아내에게, 다른 한 통은 그의 평생의 동역자요 후계자인 멜란히톤에게 보냈다.

1529년 10월 마르부르크에서 루터가 아내에게 보낸 첫 편지는 시작이 평범하지 않다. "비텐베르크의 선생이며 설교자, 나의 친밀하고 사랑하는 주인 카타리나 루터에게." 특이하게도 루터가 아내를 "사랑하는 주"(Lieber Herr)로 부른다는 사실이다. 종이 주인을 부를 때 쓰는 말로 루터가 아내를 그토록 존경했다는 의미일 것이다. 루터는 마르부르크에서 성찬을 주제로 취리히의 종교개혁자 츠빙글리 등과 논쟁했는데, 이를 아내에게 전한다. "우리의 친절한 마르부르크 담화는 잘 끝났소. 거의 모든 점에서 일치를 보았소. 아쉬운 점이 있다면, 그들이 성찬의 빵을 보통 빵으로 주장하며 그 빵에 그리스도께서 영적으로 임재한다고 고백한 점이요." 선제후 필리프 헤세는 어떻게라도 서로를 형제와 그리스도의 지체로 받아들이게 하려고 애썼지만, 결국 하나 되지 못했음을 루터는 말한다. 루터는 아내에게 폼머(부겐하겐의 별칭)에게도 소식을 전해 줄 것을 부탁한다.

> 폼머 씨에게 소식을 전해 주시오. 아주 좋은 논쟁이 있었다
> 고. 츠빙글리는 말했소. 육체는 장소 없이 존재할 수 없기에
> 그리스도의 몸이 빵에 있을 수 없다고. 외콜람파디우스는 말
> 했소. 성찬은 그리스도의 몸의 상징이라고. 나는 하나님께서
> 그들의 눈을 감기게 하여, 그들이 아무것도 할 수 없게 했다
> 고 생각하오. 나의 많은 노력에도 어쩔 수 없었소.[7]

가족과 함께 음악 연주를 하는 마르틴 루터
독일 화가 구스타프 슈팡엔베르크의 1866년 작

루터는 함께하고 있는 사람들이 마치 성주처럼 맑은 정신으로 건강

---

7 1526년 3월, 루터는 성례에 관한 설교를 하면서 츠빙글리를 열광주의자로 반대함을 본다. "그리스도 몸과 피의 성례전에 관한 설교. 열광주의자들에 반대하면서". 이 설교가 1526년 가을에 출판되었다. 이를 본 츠빙글리는 1527년 글을 썼다. "열광주의자라고 비판하는 루터의 설교에 대한 답변".

     024 · 아내에게 츠빙글리를 말하다

하고 행복하게 있다고 전한다. 루터는 편지의 말미에 아빠로서 어린 자녀들을 토끼 등 애칭으로 부르며 뽀뽀해 줄 것을 요구한다. 루터는 편지의 마지막에 자신을 소개하는데, 그가 얼마나 아내와 자녀들을 깊이 사랑하는지 잘 보여 준다. "1529년 프랜시스의 날에, 너희들의 기쁜 종 마르티누스 루터루스!"

질문

1. 루터는 생애 동안 아내에게 몇 번 편지를 썼나요?

2. 루터가 아내에게 쓴 첫 번째 편지와 관련해 말해 보시오.

아버지에게 편지하다

1530年

루터의 아버지
한스 루터(Hans Luther)

루터도 한 사람의 아들이었다. 그에게도 육신의 아버지 한스 루터(Hans Luther, 1459?-1530)가 있었다. 1530년 2월 15일, 루터는 만스펠트에 사는 아버지에게 경건한 설교문과 같은 한 통의 정감 어린 편지를 비텐베르크에서 보냈다. 아버지가 1530년 5월 29일에 세상을 뜬 것으로 볼 때, 루터가 아버지에게 보낸 마지막 편지로 추측할 수 있다.

당시 아버지는 매우 위독했다. 이러한 소식을 동생 야곱으로부터 들은 루터는 펜을 들어 아버지에게 편지를 썼다. 사실 아버지는 늘 강한 체질로 건강을 잘 지켰다. 루터는 여러 가지 어려운 사정으로 아버지에게 갈 수 없자, 사람을 보내 어머니와 함께 아버지를 오시게 하려고 생각했다. 이러한 결정은 루터의 아내 폰 보라의 눈물이 있었기에

113

가능했다. 친히 부모를 모시고자 하는 효성이 연로하신 부모님을 모시 겠다는 결정을 가능하게 한 것이었다. 루터는 네 부모를 공경하라는 십계명을 기억하며, "어린아이 같은 신실함과 섬김으로 하나님과 부 모에게 감사를 표하고자" 하였다.

루터가 육신의 아버지에게 보낸 편지임에도 구원해 주신 하나님의 은혜를 얼마나 귀하게 여기고 감사하는지를 보여 주는 참으로 경건한 서신이라 할 수 있다. 루터는 말로 표현할 수 없는 선물로서 하나님께 서 육신의 귀한 아버지를 자신에게 주신 것, 병들어 약해진 아버지를 하나님의 한량없는 은혜로 강하게 하여 주실 것, 하나님께서 성령으 로 아버지의 눈을 여셔서 아버지로 하여금 당신의 독생자 예수 그리스 도를 우리에게 보내신 것을 믿고 기쁨과 감사로 구원의 진리를 깨닫게 하여 우리 주님 다시 오실 때까지 은혜 가운데 살게 하실 것을 숨 쉴 틈 을 주지 않은 긴 문장으로 기원한다. 아버지와 아들 사이에 주고받는 사적 편지라기보다는 마치 위대한 종교개혁자가 성도 한 사람을 앞에 두고 설교하는 것 같은 착각이 들게 하는 장엄함을 느낄 수 있다.

루터는 아버지가 언제 세상을 떠날지 모른다고 생각하며 중세 교회 의 교인이었던 아버지가 믿음의 확신 가운데 바른 종교개혁 교리를 붙 들고 천국의 소망 가운데 찬란한 미래적 영광을 안고 일생을 마감하시 기를 바란다. 이는 당시에 아버지에게만 해당되는 문제는 아니었다. 16세기 혼동의 시대 사람들은 여전히 중세 교회의 행위 구원에 머무르

며, 천국의 기쁨과 영광보다는 연옥에서의 불안한 죽음을 걱정해야만
했다. 이 대목에서 루터가 인용하는 성경은 갈라디아서 6:17였다. "이
후로는 누구든지 나를 괴롭게 하지 말라 내가 내 몸에 예수의 흔적을
지니고 있노라." 루터는 아버지에게 보낸 편지를 통해서 아버지의 신
앙적 약점을 깨우쳐서 그의 마음을 새롭게 하고 그를 위로하면서, 그
가 십자가에서 우리의 더러운 죄와 죽음을 도말하신 구원자이시고 도
움이신 예수 그리스도를 의심 없이 견고히 붙드시게 하려 했다.

루터의 설득은 온전히 하나님의 약속의 말씀인 성경에 근거를 둘
뿐이었다. 루터가 가져오는 말씀은 마태복음 7:7과 사도행전 2:21 "누
구든지 주의 이름을 부르는 자는 구원을 받으리라"였는데, 이는 아버
지가 구원의 확신을 갖기를 루터가 그토록 원했다는 의미일 것이다.
루터는 시편 91편을 가져오는데, 하나님의 위로와 약속이 함께한다는
말씀으로, 특히 모든 병든 자가 꼭 읽어야 하는 하나님의 말씀으로 제
시한다. 무엇보다도 어려운 환난과 시련 가운데 처한 성도들에게 하나
님의 말씀은 믿음을 주며, 강함으로 투병하게 하고, 하나님께로부터
넘치는 위로와 감사를 얻게 하기 때문이었다. 다시 루터가 강조하는
것은, 아버지가 하나님의 말씀과 신앙에 굳건히 서서 우리 주님 예수
그리스도의 보혈로 속죄의 죽으심과 그로 말미암아 구원의 확신을 기
쁨으로 얻는 일이다. 이러한 일은 오직 하나님의 말씀과 성령의 인도
로 가능한 일임을 루터는 확신했다.

편지의 마지막에서 루터는 아버지의 죽음을 염두에 두며, 이 땅에서 우리의 헤어짐은 루터가 사는 비텐베르크와 아버지가 누워 있는 만스펠트 사이의 헤어짐과 만남 정도로 잠시일 뿐임을 말한다. 루터에게 육신의 죽음은 몇 시간 자고 일어나는 것과 다르지 않다. 물론 루터는 만스펠트에 사는 아버지가 다니시는 교회의 담임목사님과 설교자가 구원의 확신과 천국의 소망을 넘치도록 불어넣을 것을 바라 마지않았다.

질문

1. 언제 루터가 아버지에게 편지를 썼나요?

2. 아버지에게 보낸 편지의 내용을 말해 보시오.

026

어머니에게 편지하다

1531年

1531년 5월 20일, 루터는 만스펠트에 사는 어머니 마가레테 루터(Margarethe Luther, 1460?-1531)에게 한 통의 편지를 보냈다. 루터가 어머니에게 보낸 유일한 편지로 추측한다. 당시 어머니는 위독한 상태에 있었다. 어머니가 위독하다는 소식을 동생 야곱으로부터 들은 루터는 어머니에게 처음이자 마지막으로 편지를 썼다. 아쉽게도 어머니는 이 병을 이기지 못한 채 같은 해 71세의 나이로 세상을 떠났다.

루터의 어머니 마가레테 루터
(Margarethe Luther)

당시 여인들의 평균 수명이 29.8세였으니, 어머니는 오래 사신 편이었다. 루터의 어머니는 아버지와 같은 해 태어났다. 어머니 쪽 외삼촌들은 교육받은 법조인들이었다. 어머니는 20살이 되던 해 아버지 한스 루터와 결혼을 했다. 루터의 어머니는 약 10명의 자녀를 낳았으나,

그중 생존자는 2남 4녀 6명이었다. 루터는 두 번째 태어난 아들이었으나, 형이 일찍 세상을 떠나 실질적으로 집안의 장남이 되어 남동생 야곱과 네 명의 여동생을 두었다.

　루터의 어머니와 관련한 글들이 있지만, 깊이 있는 연구는 보이지 않는데, 그 원인은 역사 자료의 빈곤 때문일 것이다. 어머니 마가레테에 관한 조각글들은 어머니를 이해하게 한다. 마가레테는 늘 우울한 편이었다. 전형적 중세 신앙을 따른 신자로서, 마녀와 사탄을 두려워했고, 인간관계에서는 소심한 편이었다. 인문주의 신학자 슈팔라틴(Georg Spalatin)은 그녀를 '특별한 성격의 여인'으로, 멜란히톤은 예의 바르며 깊은 신앙심으로 열심히 기도하는 분으로 묘사하였다. 루터는 어머니를 사랑이 많았고, 자녀들의 좋은 모범이었으나, 매우 엄하였다고 그렸다. 어머니는 언젠가 한 줌의 땅콩 때문에 피가 나도록 루터에게 매질을 하였는데, 어머니의 엄한 교육이 루터가 수도원에 들어가는 이유이기도 했다. 1527년 화가 크라나흐(Lucas Cranach)는 어머니의 얼굴을 그렸는데, 전혀 웃음을 띤 얼굴이 아니었다. 과연 그녀는 위대한 종교개혁자 아들 루터의 명성을 조금이라도 함께 누렸을까? 아쉽게도 그러한 흔적을 전혀 찾을 수가 없는데, 얼굴은 "슬픈 빛이 가득하며, 기쁨이 사라진 채 자신의 생의 마지막을 응시하는 것 같다"(S. Weigelt).

　편지는 "내가 진정으로 사랑하는 어머니!"로 시작한다. "동생 야곱으로부터 어머니의 중한 병환 소식을 들었을 때 마음이 아팠는데, 무엇보다 어머니에게 갈 수 없는 형편 때문이었다." 그렇지만 루터는 아들로서 그리고 하나님의 종으로서 고통 가운데 있는 어머니를 위해 로마 교황청의 잘못된 죽음의 신학을 넘어서서 창조자 하나님의 위로를 두 가지로 전하고자 하였다. 루터의 어머니를 향한 편지는 사적 서신이라기보다는 죽음을 바라보며 고통스러운 병중에 계시는 한 성도 어머니를 위한 목사 아들의 한 편의 위로 설교라고 보아도 좋을 것이다.

첫째, 하나님은 죽음에 이르는 힘든 병 가운데 있는 믿음의 자녀들을 향한 사랑과 위로를 잊지 않으시기에, 그 은혜를 기억하면서 어느 때나 감사해야 한다.

둘째, 하나님은 죽음의 고통 가운데서도 당신을 믿는 모든 죄인을 내버려 두지 않으시고 지키시며 구원하시는 승리의 하나님이심을 기억해야 한다. "위로하라, 내가 세상을 이기었노라!", "기뻐하라, 내가 세상을 이기었노라!" 외치시는 우리 주님의 말씀에 감사와 기쁨으로 화답하는 자가 되어야 한다. 루터의 죽음의 신학, 또는 고통의 신학은 그 어떤 고통스러운 상황 가운데서도 믿는 자를 지키시고 구원하시는 독생자 예수 그리스도를 통해 죽음을 물리치신 하나님을 향한 굳은 믿음과 기쁨으로 더욱 기뻐하는 기쁨의 신학으로 역전되고 있다. 어머니가 구원의 확신을 가진다면 전혀 문제될 것이 없다는 것이다.

중세 교회는 잔인한 심판자와 폭군 하나님을 내세워 인간의 공로와 연옥을 강조하면서 죽음을 향한 성도들의 두려움과 불안을 가중시켰다. 반면 루터는 예수 그리스도를 오직 믿음으로 말미암은 구원의 확신을 강조하면서 하나님의 끝없는 은혜와 자비로 주어지는 천국을 바라보며 감사하고 기뻐하게 됨을 말했다. 하나님의 말씀과 성령을 통해 모든 위로의 아버지 하나님께서 확고하고 기쁜 그리고 감사한 신앙을 그 어떤 위기 가운데서라도 믿는 성도들에게 부여하신다는 것이다. 그러기에 루터는 어머니가 조금의 걱정도 없이 천국을 향하기를 바란다. 편지의 마지막에서 루터는 어머니를 향한 가족의 따뜻한 사랑도 잊지 않는다.

어머니, 당신의 어린 손주들과 며느리가 당신을 위해 기도합니다. 그들은 울기도 하고, 식사도 하고, 기도합니다. 우리 할머니가 너무 아파요. 하나님, 우리에게 은혜를 베풀어 주세요. 아멘.

질문

1. 루터의 어머니에 대해 말해 보시오.

2. 루터는 어머니에게 감사와 기쁨으로 천국을 소망할 것을 요청하는데, 그 이유는 무엇인가?

027

인간은 누구인가

1536年

　　1536년 초 비텐베르크대학교 교수 루터는 40조로 인간을 정의했다. 루터의 인간 이해는 로마서 3:28을 통한 그의 칭의론과 그의 창세기 강의에서 잘 드러난다. 루터는 철학과 신학이 제시하는 인간 이해 논의를 주목하며, 자신의 신학적 인간 이해를 세상에 내놓았다. 철학은 인간을 사고하는 이성적 존재(animal rationale)로 규정하지만, 루터는 이 철학적 인간 이해를 비판했다. 루터는 전문 40조 중 앞 19조에 이르기까지, 과연 이성이 인간의 자기 이해와 자기 규명에 얼마만큼

루터가 학생들과 토론하던 책상

1502년에 세워진 비텐베르크대학교와 1694년에 세워진 할레대학교가 1817년에 합쳐지면서 마르틴 루터 할레–비텐베르크 대학교가 설립되었다.

의 능력을 발휘할 수 있는지를 과격하리만큼 부정적으로 묻는다. 그런 후 루터는 20조에서 40조에 이르기까지, 구원사적인 성경 이해를 통해 바울 서신이 말하는 오직 믿음으로 의롭게 되는 이신칭의를 확신했다. 하나님의 창조와 완성 사이에서 하나님 앞에 선 죄악에 빠진 인간의 상황을 루터는 특징적으로 묘사하였다. 독일의 신학자 에벨링(G. Ebeling)은 이 글이야말로 성숙한 종교개혁자 루터 신학의 총체를 보여 주는 걸작으로 평가했다.

> 철학은 인간의 지혜로써 영혼과 육체로 이루어진 생물체인 인간을 이성을 입은 실존으로 정의한다. 이는 인간이 실제로든 비실제로든 동물로 규명되는 설명과는 별도이다. 그러나 인간이 꼭 알아야 할 것이 있는데, 죽어 가는 땅 위의 인간이라는 사실이다(1-3조).

루터는 인간 이성이 분명히 중요하고, 다른 생명과 신적인 것과 비교할 때도 최상의 것임을 부정하지 않는다. 이성은 예술, 의학, 법학, 인간의 지혜와 덕망, 그리고 권세와 영광을 위해서도 분명히 필요하다. 이성은 인간을 동물과 구별할 때도 중요한 판단의 근거가 된다. 성경이 말하는 대로, 인간이 모든 만물의 주관자가 되어 다스릴 수 있는 것은 이성 때문이다(창 1:28). "이성은 모든 만물을 다스리는 신적 권세의 하나의 태양이며 하나의 예술이다"(8조). 아담의 타락 이후에도 하나님은 인간에게 주어진 이성의 통치를 거두시지 않았을 뿐 아니라 도리어 그것을 강하게 확인하셨다. 문제는 그 철학, 곧 이성을 신학에 비추어 본다면, 인간과 관련해 아는 것이 거의 전무하다는 사실이다. 철학은 확실히 인간이 추구하는 그 목적의 근원을 모른다. 철학은 인간의 추구가 다름 아닌 땅의 행복이라 말하지만, 그 추구의 근원이 창조자 하나님이라는 사실을 모른다.

> 이에 반해 신학은 충만한 지혜를 가지고 완전하고 온전한 인간 정의를 제시한다. 인간은 하나님의 피조물로서, 몸과 살아 있는 영혼으로 이루어져 태초부터 하나님의 형상을 따라 죄 없이 번성하며 모든 만물을 다스리는 결코 죽지 않는 존재였다. 그러나 아담 타락 이후 사탄의 권세 아래 놓이는 신세가 되었다(21, 22조).

그 사탄으로부터의 해방은 하나님의 아들 오직 예수 그리스도를 통해서만 가능하다. 예수님을 믿을 때, 영생이 믿는 자에게 선물로 주어진다. 이성은 타락 이후에도 존재하지만, 죄와 죽음을 다스리는 사탄의 권세 아래 있어 신학이 보여 주는 것과는 다르게 하나님 없이 철학한다. 아리스토텔레스는 이성이 최선을 추구한다고 말하지만, 이는 비신학적이며 무식한 생각이다. 인간이 선과 악, 삶과 죽음을 선택하는 존재라 하는데, 이는 인간이 어떤 존재인지 전혀 모르는 것이다. 분명한 것은 오직 믿음으로만 죄에 빠진 인간은 의롭게 된다는 점이다(롬 3:28). 누구든지 인간과 관련해 말하려 하는 자는 먼저 하나님의 은혜로 구원받아 의롭게 된 자이어야 한다. 루터에게 이성은 단지 지나가는 "세상 물건"(고전 7:31)일 뿐이다.

질문

1. 아리스토텔레스가 이해하는 이성은 무엇인가?

2. 루터에게 철학과 신학의 차이는 무엇인가?

028
츠빙글리를 다시 말하다

1538年

루터는 1529년 10월 4일에 아내에게 보낸 편지에서 마르부르크 종교 담화를 "친절한 담화"로 평했음에도 취리히의 츠빙글리와 바젤의 외콜람파디우스와는 그냥 좋은 관계로 평화롭게 지낼 수는 있으나 "서로 형제와 그리스도의 지체로 인정할 수 없다"고 단호하게 입장을 표명했다. 이 담화에 함께한 종교개혁자들은 루터의 동역자 멜란히톤(Ph. Melanchthon), 부처(M. Butzer), 슈투름(Jakob Sturm), 헤디오(Casper Hedio), 요나스(J. Jonas der Aelterer), 오시안더(A. Osiander), 브렌츠(J. Brenz) 그리고 아그리콜라(S. Agricola)였다. 그들 중 논쟁에 깊숙이 참여한 인물은 루터, 츠빙글리 그리고 외콜람파디우스였다.

스트라스부르의 종교개혁자 부처는 둘 사이에서 중재를 하려 했으나 아무런 효과를 보지 못하였다. 성찬 빵에 그리스도께서 육체적으로 함께하신다는 공재설을 펼친 루터는 영적으로 임재한다(Christus als geistlich darinnen gegenwaertig bekennen)는 츠빙글리의 영적 임재설을 이해할 수 없었다. 그 담화 후 루터는 고별 악수를 위해 내민 츠빙글리의 손을 냉정하게 뿌리치며, "당신은 나와는 다른 영을 가지고 있소"라며 그를 정죄했다. 그로부터 오늘에 이르기까지 루터와 츠빙글리는 좋은 관계를 유지할 수 없게 되었고, 연장선상에서 독일의 루터교회와 스위스 개혁교회의 관계는 오늘에 이르기까지 서먹서먹하기까지 하다. 실제로 루터가 츠빙글리를 끝까지 그렇게 생각하며 대했는지 궁금하다.

약 10년 후 1538년 5월 14일, 루터는 츠빙글리의 후계자 불링거(H. Bullinger)에게 한 통의 편지를 보냈다. 불링거가 성경의 권위와 감독의 직분에 관해 쓴 자신의 저서를 루터에게 보내며 서평을 요구했기 때문이었다. 루터는 여러 가지 바쁜 일 때문에 그 책을 다 읽지 못한 상태로 이 편지를 보내야 했지만, 시간을 내어 그 책을 다 읽고자 했다. 루터는 편지에서 불링거를 "취리히 교회의 신실하고 사려 깊은 종"으로 일컬으며, "주님 안에서 높은 존경심으로 사랑하는 친구"라 불렀다. 분명 루터는 그 역사적 '마르부르크 종교 담화'에서의 츠빙글리와 외콜람파디우스를 잊지 않았다. 당시 츠빙글리와 외콜람파디우스는 7년 전 1531년에 이미 고인이 된 상태였다. 루터는 편지에서 두 사람을 터놓고 아주 공개적으로(ganz offen) 언급하기를 주저하지 않았다.

마르부르크에서 츠빙글리를 만나 그의 말을 듣고 난 후, 나는 그와 외콜람파디우스를 매우 훌륭한(ausgezeichneten) 사람으로 여기게 되었다. … 그러나 우리는 지성과 감성에서 전혀

하나 되지 않았다(aber im Denken und Empfinden sind wir ganz
ungleich.).

그들은 우리의 확신에서 멀어졌고, 우리에게는 낯선 사람이 되고 말았다는 것이다. 루터는 츠빙글리의 신학 사상과 일치를 볼 수 없는 현실이 여전히 불쾌한 일(Aergernis)이라고 말한다. 그럼에도 츠빙글리의 종군 목사로서의 갑작스러운 죽음은 루터 자신에게 가슴 아픈 일이었음을 숨기지 않으면서, 그의 교리의 순수성과 관련해서는 인간적으로 존경을 표한다.

츠빙글리(1484–1531)

그렇다고 루터는 불링거를 포함한 취리히 종교개혁자들의 사상 전반에 동의할 수는 없다고 밝히는데, 진실하지 못함은 자신들의 양심에 반하는 것이기 때문이었다. 루터 역시 불링거가 그러한 것을 요구하고 있지 않다고 확신한다. 거기다 루터 자신은 하나님의 특별한 은총으로 그리스도 안에서 아버지 하나님의 영광을 위해 하나로 묶어 주시지 않는다면, 자신의 생이 다하기까지 이 이상 더 좋은 일이 벌어지지 않을 것도 예측한다.

루터는 편지의 마지막 문장을 쓴다.

이것을 우선 나의 생각으로 받아 주시오. 하나님께서 허락하신다면, 내가 당신의 책을 끝까지 읽을 것이오. 진정 행복하게(recht wohl) 사시구려! 비텐베르크에서 1538년 5월 14일. 마르티누스 루터.

루터는 편지의 서두에서 매우 따뜻한 인사를 나누었지만, 끝에는 자신의 이름 외에 그 어떤 따뜻한 말도 첨가하지 않았다. 당신의 루터라는 말도 없었다. 과연 후대는 이 편지를 루터와 츠빙글리의 화해의 편지로 받아들일 수 있을까?

질문

1. 루터는 츠빙글리를 그리스도 안의 형제로 인정했는가?

2. 루터는 스위스 취리히 종교개혁에 대해 신학적으로 어떤 입장을 취했는가?

029

루터와 오시안더

1545年

1498년 태어난 오시안더(Andreas Osiander)는 잉골슈타트대학교에서 루터의 대적자 요한 에크(J. Eck)에게 신학을 공부한 후, 1522년 독일 남부에 위치한 뉘른베르크의 성 로렌츠교회의 담임목사가 되었다. 그러나 오시안더는 1517년 95개조를 접한 후 루터에게 호감을 가졌고, 저명한 화가 뒤러(A. Duerer), 시장 피르크하이머(Willibald Pirckheimer) 등과 함께 종교개혁을 뉘른베르크로 받아들였다.

오시안더

오시안더는 뉘른베르크를 넘어서 근접한 브란덴부르크–안스바흐 지역에도 가장 의미 있고 영향력 있는 새로운 교회법을 1533년에 저술하였다. 이는 그가 중세 교회의 교회법에 반하여 종교개혁을 새롭게 확장하였다는 말이다. 1549년 브란덴부르크–안스바흐의 공작은 1544년 설립된 쾨닉스대학교의 교수로 오시안더를 불렀다.

　오시안더는 칭의론과 관련하여 루터의 동역자 멜란히톤과 거대한 논쟁을 벌였다. 멜란히톤에게 그리스도인은 믿음으로 의롭다 함을 받은 후에도 여전히 육체를 입고 있는 한 죄인이지만, 오시안더는 동방 교회와 비슷한 입장을 취하며 이에 반대하였다. 오시안더는 그리스도의 의는 믿음을 통해 그리스도인에게 심겨져 믿는 자의 본질을 구성한다고 주장했다. 이러한 신학적 차이는 종교개혁 시대 신학적 긴장을 일으켰고, 오시안더로 하여금 자기만의 길을 가게 하였다. 인문주의자이며 종교개혁자로 일컫는 오시안더는 헬라어, 라틴어 그리고 아람어에 정통하였는데, 특히 히브리어와 유대교 신비성에 깊은 지식을 가지고 있었다. 루터가 유대인에게 미움과 잔인한 입장을 드러낼 때, 그는 루터와의 대화를 위해 갖은 노력을 기울여서 유대인의 인권을 보호하려 했으며 그 어떠한 반유대주의도 배격하였다.

　　루터 당신이 유대인과 관련해 말하고 글을 썼던 내용에 나는
　　그 어느 때고 동의를 못할 것이다.

　그런데 루터는 어찌된 일인지 오시안더에게 따뜻한 편지를 보냈다. 루터가 오시안더를 어떻게 환대할 수 있었을지 궁금하다. 루터는 세상을 떠나기 1년 전 1545년 6월 3일, 오시안더에게 한 통의 편지를 보냈다. 그 편지는 루터가 신학적 입장이 다른 사람에게 보내는 편지라

고 볼 수 없는 뜻밖의 내용으로, 가까운 한 친구에게 보내는 위로의 편지 그 자체였다. 루터는 오시안더를 "매우 저명한 사람, 신실하고 곧은 뉘른베르크 교회의 하나님의 종"으로 부르면서, 로마서 14:8 "사나 죽으나 우리가 주의 것이로다"를 인용하며 거룩한 축복의 인사말을 잊지 않는다. 오시안더가 아내와 딸의 죽음으로 거대한 슬픔을 당하였기 때문이었다.

> 우리의 위로되신 그리스도 안에서 은혜와 평강이 넘치길 바라오. 최고로 가장 사랑하는 오시안더, 최근 우리에게 들린 소식은 당신 아내와 당신의 가장 사랑스러운 딸의 죽음이었는데, 딸의 죽음은 당신에게 그 어떤 것과도 비교할 수 없는 고통이었을 것이라 생각하오 … 내가 편지를 쓰는 이유는 확신을 갖게 하려는 것이오. 그 시련이 분명히 하나님께서 내리신 시련임을 당신이 믿으며, 우리가 이 시험을 기꺼이 이겨낼 것이라는 사실이오. 그럴 때 당신은 우리의 신앙과 교리의 올바르고 신실한 동지가 되었소 … 이런 말을 할 때, 바보가 현자에게 무엇을 가르치려 하는가? 반문할 수 있소. 물론 당신이 나보다 훨씬 더 많은 것을 알리라 생각하오. 잘 사시오. 확신을 가지시오. 당신은 우리에게 매우 신실한 사람이오.

> 1545년 6월 3일

1. 오시안더가 새롭게 교회법을 만들었다는 말은 무슨 의미인가?

2. 칭의론에서 루터, 멜란히톤과 오시안더의 차이점은 무엇인가?

030

아내에게 마지막 편지를 쓰다

1546年

루터는 오랜 여행 중 가족과 친지들이 있는 정든 비텐베르크로 돌아오지 못한 채, 1546년 2월 18일 아이슬레벤에서 63세를 일기로 세상을 떠났다. 루터는 이곳에서 아내에게 2월 1일, 6일, 7일, 10일, 14일 총 다섯 번의 편지를 보냈는데, 14일 편지는 루터가 아내에게 보내는 최후의 편지였다. 루터는 1546년 2월 10일 편지에서 아내를 향해 최상급의 찬사를 아끼지 않는다.

> 나의 인자하고 사랑하는 아내. 그리스도 안에서 은혜와 평강
> 이 가장 거룩한 부인 박사께 함께하길 바라오!

2월 1일 편지에서, 루터는 아이슬레벤으로 오는 추운 길에서 무리하는 바람에 감기에 걸려 몸이 몹시 좋지 않음을 알린다. 특이한 것은 루터가 독일에 사는 유대인들을 몹시 두려워하는 가운데 이러한 일이 일어났다는 것이다. 유대인들이 자신을 험담하고 어렵게 할 것이기에

그들을 서둘러 피했다는 것이다.

물론 유대인을 향한 루터의 거대한 두려움에는 확실한 근거가 있다. 1523년 루터는 중세의 정서와는 다르게, 폭력 없는 유대인 선교와 유대인과 하나 되어 평화롭게 살아야 할 것을 호소했고, 예수님 역시 유대인으로 태어나심을 일깨웠다. 그렇지만 루터는 1525년부터 유대인 선교가 어렵게 되고 종교개혁이 어려워지자 유대인에 대한 입장을 바꾸었다. 결국 루터는 1543년 반유대주의 글 "유대인과 그들의 거짓말에 관하여"를 세상에 내어놓았다. 이 글에서 루터는 개신교를 지지하는 성주들에게 유대인을 노예로 삼고, 도시에서 추방할 것을 요청했다. 루터의 반유대주의는 하나님의 은혜로 말미암은 믿음을 통한 구원을 강조하는 종교개혁에 배치되는 유대인의 행위 구원에 근거하고 있다. 루터는 죽기 전 사흘 동안 반유대주의 설교를 했다.

그러나 그들이 회개하여 그리스도를 영접하면, 우리는 그들을 기꺼이 우리의 형제로 여길 것이다. 그렇지 않다면 그들은 우리의 원수들이다.

생애 끝자락에서 루터는 유대인을 향해 둘 중 하나를 선택하라고 강요했다. 예수님을 믿고 세례를 받을 것인지, 아니면 추방당할 것인지였다. 루터는 그리스도를 부인하고 핍박하는 유대인의 생존권을 박탈해야 한다고 주장했다. 결국 1546년 2월 1일 아내에게 보낸 편지에

서 아이슬레벤에는 50명 이상의 많은 유대인들이 살기에 가능한 빨리
벗어나야 한다고 두려워한다.

루터는 죽기 4일 전 아내에게 보낸 마지막 편지에서 하나님의 뜻이
라면, 빨리 집에 돌아갔으면 하고 소망한다. 그리고 아내에게 종교개
혁을 지지한 두 형제를 기쁨으로 소개한다. 백작 가브하르트와 백작
알브레히트가 비방하기까지 하다 비로소 종교개혁을 지지하게 되었
다는 것이다. 이는 기도를 들으시는 하나님을 여실히 보여 준다며 루
터는 기뻐한다. 하나 됨의 상징으로 알브레히트의 아내가 보내온 송어
를 아내에게 마지막 선물로 보낸다. 당시 라이프치히와 마그데부르크
에서도 떠돌았던 루터가 죽었다는 헛소문이 아이슬레벤에도 있다고
전한다. 이런저런 여러 풍문도 돌아다니는데, 이에 대해 루터는 일갈
한다.

> 우리는 하나님께서 무엇을 하실지 기다릴 뿐이오. 그럼 하나
> 님께서 명령하실 것이요! 아멘. 아이슬레벤에서 1541년 발렌
> 타인 주일에. M. Luther D.

질문

1. 루터가 유대인을 싫어한 이유를 말하시오.

2. 인간 루터에 대해 말해 보시오.

031

루터, 세상을 떠나다

1546年

루터에게 1540년에서 1546년까지는 생의 마지막 단계라 할 수 있는데, 이 기간에 루터는 여러 가지 고통과 싸워야 했다. 1542년 사랑하는 딸 막달레나의 죽음은 커다란 아픔이었다. 루터는 다른 신앙과도 싸워야 했는데, 특히 유대인과의 싸움은 점점 그 도를 더해 갔다. 1523년 한때, 루터는 "예수님도 한 사람의 유대인으로 태어났다"는 화해의 글을 쓰기도 했었지만, 1543년 말년에 이르러서는 더 이상 개종하지 않는 유대인들을 대적하며 매우 엄한 반유대적 글 "유대인과 그들의 거짓말에 관하여"를 세상에 내놓았다. 1545년 루터는 생애 마지막까지 교황청에 강력하게 대적했는데, 이때 쓴 책이 『사탄에 의해 세워진 로마 교황청에 대적하여』였다. 그 과정에서 루터는 육체와 정신적으로 쇠약해질 대로 쇠약해졌다. 그래도 쉴 수 없는 루터는 비텐베르크대학교에서의 강의를 중단할 수 없었다. 이때 루터는 "나는 약해졌습니다. 더 이상 힘듭니다"라고 말했다. 게다가 1546년 1월 17일, 루터는 투병 중에도 한 달간의 긴 여행을 떠나야 했는데, 최종 목적지는 고향 아이슬레벤이었고, 결국 비텐베르크로 다시 돌아오지 못했다.

　1546년 2월 18일 새벽 3시, 루터는 파란만장했던 한 생을 마감하고 외로이 하나님의 품에 안겼는데, 그의 종교개혁 기간은 1517년부터 1546년 세상을 떠나기까지 총 30년이었다. 루터는 멀리 떨어진 출생지 아이슬레벤에서 "한 인간에게 가장 개인적이며 가장 사적인 순간을" 맞이해야만 했다. 루터는 임종의 순간 오랜 동지이며 할레의 목회자였던 요나스(Justus Jonas)의 품에서 마지막 숨을 몰아쉬고 있었다. 루터의 마지막 말은 다음과 같았다.

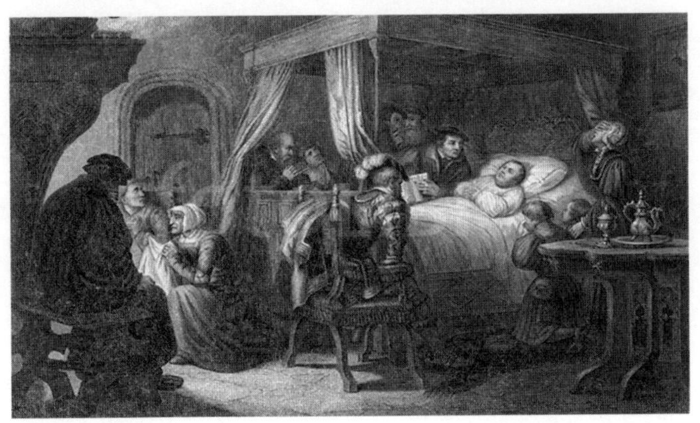

루터의 임종

　내 영혼을 당신의 손에 맡기나이다. 당신은 나를 구원하셨나이다. 당신은 신실하신 하나님이십니다!

　언젠가부터 루터는 자신의 죽음을 생각하며 "아름다운 한순간"이 되길 기도했다. 루터는 생과 사를 주장하시는 주님만을 신뢰하는 가운데, 가장 독한 최후의 원수인 죽음의 세력으로부터 벗어나 하나님께서 주시는 평화와 자유 속에서 죽을 수 있게 해 달라고 기도했다(H. Obermann). 루터는 1519년 설교에서 믿음 안에서 죽는 성도의 죽음을 "자유롭게 그리고 기쁘게" 맞는 죽음이라고 묘사했다. 성도는 죽음으로써 영원한 어둠의 나락으로 떨어지는 것이 아니라 그의 영혼은 하나님의 품에 안겨 그리던 본향에 이른다. 그 죽음의 순간에 마음은 기쁨과 감사, 그리고 하나님의 은혜로 가득하다. 곧 성도는 하나님의 사랑 안으로 죽어 간다.

> 나의 주 구원자 예수님, 내가 얼마나 기쁜지 모르겠습니다! 당신은 처음과 마지막이시며, 시작과 끝이 되시기 때문입니다. 당신은 나를 위해 당신의 생명을 십자가에서 기꺼이 내어 놓으셨으며, 나를 단번에 구원하여 당신의 낙원으로 받아 주셨습니다. 나는 당신의 손을 붙잡습니다. 아멘, 아멘! 오, 태양이시며, 나의 환희이신 주여, 어서 오소서! 오래 머물지 마시고, 영원히 나를 품으소서(1519년)!

박해의 시대 고대로부터 중세 후기에 이르기까지 죽어 가는 순간에 보여 주는 성도의 안정감은 순교자와 하나님의 자녀 됨의 표지로 여겨졌다. 로마 교회로부터 일곱 머리가 달린 용 머리 또는 마귀로 묘사되었던 루터가 과연 어떠한 죽음으로 그 최후의 순간을 맞는지, 친구뿐 아니라 원수들에게도 초미의 관심사였다. 과연 루터가 하나님께 부름 받은 종이었는지, 아니면 어떤 자였는지를 알고자 했던 것이다. 누가 루터를 데려가는지, 하나님인지 아니면 사탄인지 확인하려 했다. 루터가 죽는 순간 그 무언가 무서움과 두려움에 벌벌 떨고, 몸을 비틀며 몸서리치고, 악을 쓰며 죽어 가지는 않는지 확인하려 들었다. 죄의 삯으로부터 찾아오는 죽음은 두려움과 슬픔 가운데 맞아들일 수밖에 없기 때문이다.

아우구스티누스 수도원 자리로 루터가 비텐베르크에 머물 때 거주했던 집.
1532년에 작센 성주 프리드리히 현공이 이 수도원을 루터에게 하사하였고,
1883년부터 〈루터 하우스 박물관〉으로 관람객에게 개방되기 시작하였으며
1996년 유네스코 세계 문화유산으로 등록되었다.

루터의 후계자요 동료였던 멜란히톤은 갑작스럽게 찾아온 뇌졸중으로 루터가 급사한 것이 아니라, 서서히 자연스럽게 죽음을 맞이했다

고 처음으로 보고했다. 루터는 영혼의 평안 가운데 하나님의 손에 안겼다는 것이다. 루터의 아름다운 죽음이야말로 종교개혁의 정당성을 말해 주는 것이었다. 그의 임종을 지켰던 요나스는 루터의 마지막 24시간을 자신의 손으로 기록하여 우선적으로 작센의 성주 요한 프리드리히에게, 그 후 비텐베르크의 동료들에게 보고하였는데, 루터의 죽음이야말로 단순히 한 개인의 죽음이 아니라, 국가적 사건이 되었음을 말한다.

오늘날 루터가 숨을 거둔 그 집이 유네스코 세계 문화유산으로 보존되고 있음도 같은 맥락이라 하겠다. 어쨌든 루터는 준비된 죽음을 맞이했으며, 하나님 앞에 설 때 부끄러움이 없는 자로 최선을 다하며 살았다 할 수 있다. 세상을 떠나기 오래 전 1522년 루터는 바르트부르크에서 비텐베르크로 돌아와 설교했다.

우리 모두는 예외 없이 죽어야 합니다. 그 누구도 남을 위해 죽을 수는 없습니다. 그러기에 각자는 스스로를 위해 그 죽음을 대적하여 살아야 할 것입니다(1522년).

사망 직후 친구와 가족들이
루터를 기리기 위해 얼굴에
석고를 발라 제작한 '데드 마스크'

루터는 아이슬레벤에서 눈을 감았지만
시신은 그가 인생의 대부분을 보냈던
비텐베르크 성 교회로 옮겨졌다.

질문

1. 죽음에 대한 루터의 기도, 생각은 무엇인가?

2. 루터의 죽음이 아름다운 죽음이 되어야 하는 이유가 무엇이며, 그 타
당성은 무엇인가?

3. 루터가 유대인을 향해 취한 자세는 무엇인가?

제 2 부

츠빙글리

001
개혁교회의 아버지

1519년 1월 1일 주일 아침, 츠빙글리는 스위스 취리히에 있는 그로스뮌스터 교회에서 종교개혁 정신에 입각한 복음 설교를 시작하였다. 그 설교는 중세 교회의 설교 스타일과는 구별되고, 교회력에 따라 주어진 성경 본문이 아니었으며, 형식과 내용에서도 전혀 달랐다. 라틴어가 아닌 수사가 없는 투박한 서민 독일어로 설교했고, 마태복음을 본문으로 쉽고 명료하게 강해했다. 이런 맥락에서 스위스 개혁교회는

츠빙글리

츠빙글리가 태어난 고향집

독일 종교개혁과 비교하면서 루터는 1517년에 행동으로 종교개혁을 열었다면, 츠빙글리는 1519년에 복음 인식으로 종교개혁을 시작했다고 말한다. 지난 2017년이 세계 교회가 함께한 루터 종교개혁 500주년이었는데 반해, 스위스 개혁교회는 2019년을 츠빙글리 종교개혁 500주년으로 준비하고 있다. 독일을 위시하여 다수파로 자리 잡은 루터교회 종교개혁 500주년과 비교할 때, 츠빙글리는 신학도 교회도 변변히 형성하지 못한 채 세상을 떠나야 했기에 그의 종교개혁 500주년은 공간적으로나 교회적으로나 그리고 연구 규모에서도 상대적으로 소규모일 것이다. 그렇지만 개혁 신학의 역사적 전통에 선 세계에 흩어진 개혁교회, 장로교회가 이에 동참할 때 츠빙글리 종교개혁 500주년은 나름 의미 있는 성대한 국제적 축제가 될 것이다.

특히 장로교회가 다수인 한국에서의 스위스 종교개혁 500주년 기념은 결코 그냥 지나칠 수 없는 역사적 책무이다. 그런 맥락에서 한국 장로교회도 스위스 개혁교회, 세계 개혁교회와 연대하여 2019

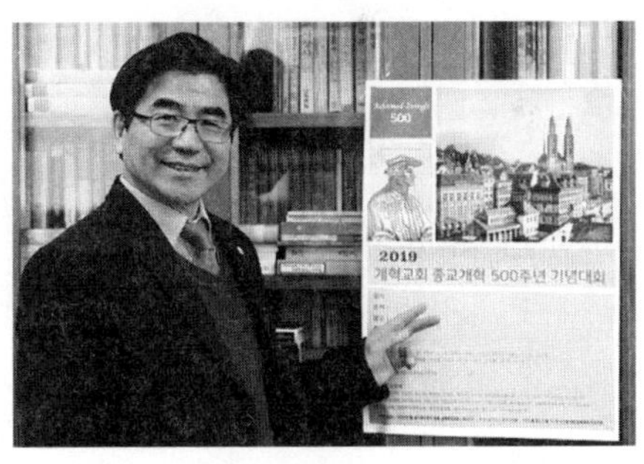

2019년부터 열리는
'개혁교회 종교개혁 500주년 기념 대회'

년 츠빙글리 종교개혁 500주년을 마땅히 함께 준비했으면 한다.

개혁교회의 아버지 츠빙글리는 스위스 종교개혁의 시조와 같으며,

비텐베르크의 종교개혁자 루터, 제네바의 종교개혁자 칼뱅과 함께 세계 3대 종교개혁자 중 한 사람이다. 독일에서는 칼뱅보다 츠빙글리를 앞세워 제2의 종교개혁자로 평가하기도 한다. 츠빙글리는 1523년 취리히에서 발표한 '67조 신앙고백'을 통해 "개혁교회 신학의 원형"을 제시했는데, 이를 루터교회가 1530년에 만든 '아우크스부르크 신앙고백'과 비교한다. 안타깝게도 츠빙글리는 47세의 나이에 전쟁터에서 갑작스럽게 세상을 떠났으며, 종교개혁자 루터의 그늘에 가려 종교개혁자 중에서 가장 적게 알려진 인물이다. 츠빙글리의 사상은 종교개혁이라는 공통분모를 가졌음에도 특히 성례 신학을 두고 볼 때 내적으로 양 전선을 형성하였는데, 한쪽은 루터 신학이며, 다른 한쪽은 재세례파 신학이다. 그의 성경해석학 역시 독특하다 할 수 있는데, 외적 말씀과 내적 말씀의 구별로서, 성령을 통해 우리의 마음에 부어지는 내적 말씀은 우리의 믿음을 성장하게 한다. 츠빙글리는 스위스 국가 교회 모델을 만들어, 취리히에서 전 유럽으로 퍼져 가는 로마 교회로부터 자유로운 국제적 프로테스탄트 교회를 형성하고 싶어 했지만, 개혁된 가톨릭 교회는 한낱 꿈으로 그쳤다. 하지만 그의 꿈은 후계자 불링거(Heinrich Bullinger, 1504-1575)와 제네바의 칼뱅(John Calvin, 1509-1564)을 통하여 개혁 신학(the Reformed Theology)이라는 이름으로, 스위스와 네덜란드를 위시한 유럽, 영국 그리고 북미로 확장되었으며, 19세기 말 조선 한반도에까지 상륙하였다. 비로소 21세기 한국 장로교회는 세계 교회를 이끌어야 하는 소명과 함께 강력한 다수를 형성하기에 이르렀다.

그로스뮌스터교회 남문에 담아 낸 츠빙글리의 생애

질문

1. 3대 종교개혁자는 누구인가?

2. 스위스 취리히의 종교개혁자 츠빙글리의 꿈은 무엇인가?

147

페스트의 노래

1520年

16세기 사람들에게 흑사병 페스트는 치가 떨릴 정도로 무서운 죽음의 전염병이었다. 당시 약도 없을 때, 한번 흑사병이 도시를 쓸고 가면, 인구의 반 이상이 무참히 죽었을 정도였으니, 가공할 만한 죽음의 검은 사자였다. 1519년 8월 츠빙글리가 사는 취리히에도 페스트가 퍼지기 시작했다. 요양을 마치고 취리히 목회지로 돌아왔던 츠빙글리는 1519년 9월 초에 이 무서운 전염병에 감염되고 말았다.

몇 개월 사경을 헤매던 츠빙글리는 다행히 1520년 초 구사일생했다. 그 무시무시한 죽음의 병에서 살아 나온 츠빙글리는 자신의 고통스러웠던 경험을 기억하면서 음악적 재능을 살려 하나의 찬송을 썼는데, 그 곡은 1520년 중순경 만들어졌을 것으로 추정되는 '페스트의 노래'이다. 1522년 취리

페스트의 노랫말

히 찬송가는 이 찬송을 "흑사병의 공격을 받은 츠빙글리가 만든 교회 찬송가"라고 설명하고 있다.

전문가들은 이 찬송을 "종교개혁 시대에 발표된 가장 뛰어나고, 가장 아름다운 작품이며 동시에 교회 음악이라는 좁은 범주에 포함되지 않는 창작물 중에 하나"라고 평가하며, 특별하고 창조적으로 츠빙글리의 뛰어난 예술성을 보여 준다고 격찬하였다. 물론 츠빙글리는 이 작품에 앞서 1510년 '처음 황소 이야기', 1516년 '미로에 대한 교훈 시'로 시인의 재능을 보였다. 츠빙글리는 '페스트의 노래'에서 종교개혁자로 부름 받은 후 자신에게 찾아오는 수많은 시련들을 극복하는 과정을 그 무서운 죽음의 전염병을 이겨 내는 과정과 비교하며 비유적으로 묘사한다. 츠빙글리는 흑사병에서 천만다행으로 살아난 후, 하나님께서 자신을 종교개혁자로 부르셨음을 확신했다. 츠빙글리는 흑사병으로부터 생존할 수 있었던 것은 오로지 죽음을 이기신 그리스도의 치유 때문이었음을 고백했다. 그렇기에 '페스트의 노래'는 츠빙글리의 신앙고백이며, 츠빙글리의 경험적 신학으로도 볼 수 있다. 무엇보다 '페스트의 노래'는 하나님의 위로와 도움을 주제로 하는데, 하나님의 은혜를 간절히 갈망하며 부르는 찬송이라 할 수 있다. 아울러 승리한 자의 감사 찬송이기도 하다. '페스트의 노래'를 부분적으로 소개하되, 1552년 발행된 콘스탄츠 찬송가에 실린 가사를 중심으로 살펴본다.

주 하나님, 위로하소서. 이 질병에서 도와주소서. 죽음이 문

앞에 있습니다. 그리스도여, 죽음과 싸워 주소서. 당신은 죽음을 이기셨습니다. 당신에게 간절히 부르짖습니다. … 이제 마지막이 가까이 왔습니다. 내 혀는 굳어졌고 더 이상 한마디 말도 할 수 없습니다. 제 감각은 완전히 굳어 버렸습니다. 이제 당신이 저를 위해서 계속해서 싸울 시간입니다. … 저를 회복시켜 주십시오. 주 하나님, 저를 회복시켜 주십시오. 제가 다치지 않고 돌아왔습니다. 그렇습니다. 만약 죄의 불꽃이 이 땅에 있는 저를 더 이상 사로잡지 못할 것이라고 당신이 믿으실 때, 내 입술은 항상 그렇듯이 순수하고 숨김없이 당신을 향한 찬양과 당신의 가르침을 그 어느 때보다도 더 많이 선포할 것입니다. … 저는 이 세상의 폭압과 폭력에 맞서서 그 어떤 두려움도 없이, 천국에서 받을 상을 바라보면서 당신의 도움만을 의지하여 참을 것입니다.

질문

1. 츠빙글리는 왜 '페스트의 노래'라는 찬송가를 만들었는가?

2. 츠빙글리의 '페스트의 노래'에서 가장 마음에 남는 대목은 무엇인가?

츠빙글리, 로마 교회를 떠나다

당시 교황의 특사들과 추기경, 그리고 주교들이 츠빙글리의 설교를 막으려 온갖 노력을 다했지만, 취리히 성도들의 기도 덕분에 츠빙글리의 길을 막지 못하였다. 당시 교황청은 많은 돈(연금)으로 츠빙글리를 회유하였지만, 츠빙글리는 1517년에 그 돈을 포기했고, 3년 후 1520년에는 연금 수령을 포기한다는 각서를 자필로 썼다. 물론 츠빙글리는 1516년까지는 자신의 전환이 이루어지지 않았음을 고백한다. 1520년 츠빙글리의 각서를 본 후 로마 교황청은 츠빙글리와의 관계 단절이 본격화되었음을 알아차렸다. 그들은 그 각서를 공개하였으며, 이를 근거로 츠빙글리를 취리히 시로부터 추방시킬 수 있다고 믿었다. 그렇지만 취리히 시 의회는 그들의 검은 의도를 알아차렸고, 이에 동의하지 않았다. 시 의회는 츠빙글리에게 잘못이 없다고 선언하였다. 계속해서 츠빙글리는 취리히의 용병 제도에 대해 자신의 분명한 입장을 밝힌다. 츠빙글리는 취리히의 무고한 젊은이들을 전쟁터에 보내 피를 흘리게 하면서까지 외국의 돈을 벌어들이는 행위는 정의롭지 않기에, 교

음식의 자유를 누리는 수도사들

황의 권력이나 교회의 권력에 맞서서라도 용병 협정을 맺어서는 안 된다는 입장을 확고히 견지했다. 왜냐하면 먼저는 하나님의 뜻을 따르기 위함이었고, 자신의 조국 스위스를 가슴 깊이 사랑하기 때문이었다. 용병을 반대했던 츠빙글리는 기꺼이 그리스도의 가난을 택하고자 했고, 교황의 막강한 권력과 화려함을 거부하였다. 이 대목에서 츠빙글리는 베드로전서 2:13-17을 가져온다.

여러분은 자유인으로 사십시오. 그러나 그 자유를 악을 행하는 구실로 쓰지 말고 하나님의 종으로 사십시오. 모든 사람을 존중하며, 믿음의 식구들을 사랑하며, 하나님을 두려워하며, 왕을 공경하십시오(필자 사역).

질문

1. 츠빙글리와 로마 교황청의 본격적 단절은 언제, 어떻게 이루어졌는가?

2. 츠빙글리는 스위스 용병 제도를 어떻게 생각했는가?

004

음식 선택의 자유

1522年

1522년 3월 23일, 츠빙글리는 사순절 기간에 취리히에서 중세 교회가 중요하게 여긴 금식 전통을 깨는 설교를 했다. 마태복음 11장 28절 "수고하고 무거운 짐 진 자들아, 다 내게로 오라 내가 너희를 쉬게 하리라"를 본문으로 한 설교였다. 그 누가 특정한 기간에 성도들을 금식시킬 수 있는지 반문하며, 분노를 터뜨렸다. 하나님은 성도에게 자유롭게 음식을 선택하여 먹을 자유와 권리를 주셨다. 중세 교회가 여러

취리히의 그로스뮌스터 교회

가지 규례로 성도를 괴롭히고, 불필요하고 힘든 짐을 지우는 일에 안타까워하며, 성도들을 굴레로부터 벗어나게 하여 하나님께서 주신 자유에로 불러내고자 하였다. 1522년 4월 16일, 츠빙글리는 급기야 설교의 인쇄본을 세상에 뿌렸다. 이에 주교는 5월 2일 목양 서신을 통해 성직자와 일반 성도들에게 츠빙글리의 주장에 조심함으로 물들지 말고 멀리할 것을 경고하였다.

츠빙글리는 교회법에 관해 네 가지로 말하였다. 첫째, 교회법의 근거는 오직 성경이어야 한다. 둘째, 교회의 전통은 성경과 일치할 때만 유효하다. 셋째, 성경에 근거하지 않은 교회의 규례는 폐기되어야 한다. 넷째, 그 어떤 교회의 권위라도 예외 없이 성경의 권위에 순종해야 한다. 이처럼 츠빙글리는 확실한 음성으로 성경에 근거한 복음적 자유를 열거하였다. 그리스도인들은 모든 음식을 먹을 수 있다. 모든 음식을 먹되, 시간적으로나 공간적으로도 제한받지 않는다. 그렇더라도 자유로운 금식을 막지 않는다. 초대 교회 교부들의 전통일지라도 성경에 근거하여 비판적으로 검토해야 한다. 그럼에도 믿음이 연약한 자들을 향한 배려와 인내를 잃지 않아야 하며, 그들이 복음을 잘 알 수 있도록 도와야 한다. 금식이 선행일 수 없다. 하나님은 오직 우리의 믿음을 기뻐하신다.

음식에 관한 세부적인 9가지 입장을 제시한다.

1. 어떤 음식도 사람을 더럽힐 수 없는데, 감사하며 적당하게 먹을

때이다(마 15:17).

2. 하나님은 모든 것을 깨끗하게 창조하셨고, 하나님께서 금하신
   음식은 없다(행 10:9-16).

3. 모든 것이 가하나, 모든 것이 유익한 것은 아니다(고전 6:12-13).

4. 음식으로 우리를 하나님 앞에 내세우지 못한다(고전 8:8).

5. 양심에 꺼리지 않는다면, 모든 고기를 먹을 수 있다(고전 10:25).

6. 먹고 마시는 일로 사람을 판단해서는 안 된다(골 2:16).

7. 하나님께서 지으신 모든 것을 감사하는 마음으로 받으면 버릴 것
   이 없다(딤전 4:1-5).

8. 이미 깨끗한 자에게는 모든 것이 깨끗하나, 더러운 자들에게는
   깨끗한 것이 하나도 없다(딛 1:10).

9. 오직 복음의 은혜로 강해져야 한다(히 13:9).

어떤 사람들은 인간의 그 어떤 노력과 업적으로 하나님의 나라가
임할 것으로 생각하지만, 이는 유치하고 천한 세상 원리일 뿐이다. 아
무리 성령의 이끌림을 받는 금식이라 할지라도 성도는 자유로운 존재
라는 사실을 잊지 않아야 한다. 안식일 역시 사람을 위해 있으며, 성도
는 언제고 음식에 매인 적이 없다. 노동의 강도 또는 유무에 따라 금식
의 강도와 횟수도 조절할 수 있으며, 사정에 따라 자유롭게 각자 결정
할 수 있다.

금식하기를 원하십니까? 그렇다면 그렇게 하십시오! … 나

는 그것을 그리스도인들의 자유로운 선택에 맡겨 놓겠습니다. 당신이 일을 하지 않을 경우에 많이 금식할 것이며, 당신을 자주 잘못된 습관으로 유혹하는 음식을 먹지 말아야 합니다. … 오, 너무 똑똑한 위선자여! 당신은 하나님께서 자유롭게 하도록 만드신 것을 또는 자유롭게 허용하신 것을 파괴하고 있으며 위험하게 만들 수 있다는 사실을 믿습니까?

'자유로운 음식 선택에 관하여'에서

질문

1. 츠빙글리가 음식 선택의 자유를 말하며 가져온 본문은 무엇이며, 이유는 무엇인가?

2. 그리스도인은 어떻게 금식해야 하는가?

005
하나님 말씀의 명료성과 신실성

1522年

1522년 9월 6일 세상에 발표된 이 글은 본래 츠빙글리가 적대자들의 반대에도 불구하고 취리히 외텐바흐에 위치한 수녀원에서 행한 설교이다. 그렇다고 수도자만을 대상으로 하지 않았으며, 취리히 시 의회 지도자들을 향한 개혁의 요청이었다. 무엇보다 츠빙글리가 주목한 것은 도미니쿠스 수도원 규칙에 얽매여 하나님의 말씀을 바로 듣지 못하는 영적 굶주림이었다. 츠빙글리는 수도원의 규칙을 고수하려는 자들에 맞서 그것을 폐지하려 했고, 성경만이 신학과 신앙생활의 확실하

취리히 시 의회 장면

67조 표지(1523년)

고 명료한 기초라고 주장한다. 하나님의 말씀은 진실하며 믿는 자들을 결코 속이지 않기에, 교회는 그 말씀 위에 모든 것을 세워야 한다. 특히 츠빙글리는 "선한 마음으로" 이 글의 제목에 주목할 것을 요청한다. 1522년에 제시된 글의 제목은 나중에 발간된 글의 제목과는 다른데, "하나님의 말씀의 명료성과 확실성 또는 속이지 않음에 관하여"(Von Clarheit vund gewuesse oder vnbetrogliche des worts gottes)이다. 츠빙글리는 교부 아우구스티누스의 입장에 서 있다. 성경 해석은 인간의 자의적 판단에 맡길 수 없고, 우리 안에 하나님의 형상이 회복되고 성령께서 조명하셔서 우리의 눈을 열어 줄 때 가능하며, 성경을 바로 깨닫지 못하는 것은 성령께서 그 뜻을 알려 주지 않으셨기 때문이다. 하나님의 말씀은 믿는 자에게는 생명을 주지만, 믿지 않는 자들에게는 죽음을 가져다주는 양날의 칼과 같다.

하나님의 말씀은 인간적인 가르침이나 지시 없이도 완전히 이해할 수 있는데, 오직 성령의 빛이 하나님의 말씀을 깨닫게 하고 말씀 속에서 역사하시는 성령만이 가능하게 만드시기 때문이다(요 1:4, 시 36:10). 츠빙글리는 우리가 받은 것, 이해하는 모든 것이 하늘에서 오는 것이라면, 그 어떤 사람도 우리에게 아무것도 줄 수 없고 이해시킬 수도 없다고 말한다. 하나님의 가르침을 이해하고 깨닫는 것은 오직 하늘에서 내려오는 것이라야 한다. 우리가 가진 인간의 약점으로는 하늘의 진리를 깨달을 수 없다. 하나님의 말씀은 성령의 역사로 그 어떤 인간적인 조작이나 덧붙임 없이 '분명하고', '확실하게' 그리고 '정확하게' 가르친

　　

다. 그런데 그 이해가 인간적인 증명이나 확증에 따른 것이었다면, 이
는 더 이상 하나님의 가르침이 아니라 사람의 가르침이 된다. 곧 요한
복음 6장 65절의 말씀대로, 아버지께서 허락해 주신 사람이 아니고는
그 누구도 아버지께로 올 수 없다는 것이다. 그러면서 츠빙글리는 성
경에 나오지 않은 교황 제도, 곧 '베드로의 의자'를 단호히 부정하는데,
그들은 단지 성경 밖 증인들과 교부들의 말을 인용하고 있기 때문이
다. 사람은 성령을 통해서 하나님의 은사를 알게 되는 것이지, 유창한
인간의 말이나 지혜로 깨닫게 되는 것이 아니라는 말이다. 츠빙글리는
성령께서 우리의 눈을 열어 가르치실 수 있도록 골방에서 조용한 가운
데 기도할 것을 강조한다. 스콜라주의가 강조하는 철학 대신 기도를
통한 성령의 역사가 츠빙글리의 말씀 이해에 결정적이다.

> 우리는 스콜라 신학(die scholastische Theologie)이라고 부르는
> 철학에서 나온 모든 지식은 무너져야 한다고 생각합니다. 왜
> 냐하면 그 신학은 인간적 기준에 근거한, 단지 학문에 불과하
> 기 때문입니다. 만약 사람들이 그러한 신학으로 완전히 세뇌
> 당했을 경우에 사람들은 '신학은 외견상 확실한 것처럼 보이
> 는 지식에 따라 정리되고 바뀌어져야 한다'고 생각하게 됩니
> 다. 그렇지만 철학이 끝나는 곳에서 신학은 시작됩니다. 사
> 람들은 '사람의 지식을 잘 배운 사람이 하나님의 교리를 훨씬
> 더 잘 판단할 수 있다'라고 공개적으로 말하고 싶어 합니다.
> 그것은 마치 우리의 인간적인 이성의 빛이 하나님의 명확성

을 압도하고 밝혀낼 수 있다고 믿는 것입니다(츠빙글리, 『츠빙글리 저작 선집 1』, 임걸 역, 185-186, "하나님의 말씀의 명료성과 신실성에 관하여" 중에서).

질문

1. 교회는 어디에 서야 하나요?

2. 하나님의 말씀을 어떻게 깨달아야 하나요?

개혁 신학의 뿌리
츠빙글리의『67개 논제에 대한 해설』

1523年

006

67조를 스케치하다

1523년 1월 29일, 츠빙글리는 취리히 시 의회와 600명의 참석자 앞에서 67조를 발표하였다. 67조는 '개혁 신학의 원형'으로 일컬어지는데, 내용은 '오직 복음에 근거하여 교회가 어떻게 개혁되어야 하는지'이다. 67조가 우선적으로 강조하는 바는, 예수 그리스도가 복음의 총체와 본질이고, 그가 하나님의 아들이며, 하늘 아버지의 뜻을 우리에게 알게 하신 분으로서, 그의 무죄함이 우리를 죽음에서 구함으로 우리를 하나님과 화목하게 하셨다는 것이다. 16세기 초 당시 취리히 교회는 신앙적으로 그리고 교리적으로 혼란에 빠져 있었는데, 취리히의 목사 츠빙글리는 그 교회를 위해 당면한 문제들을 해결하려고 조목조목 길지 않게, 오직 성경에 근거하여 67조를 통해 바른 신앙의 원리를 제시하였다. 후대는 67조를 1517년 발표된 루터의 95개조와 비교하기보다는 1530년 공포된 루터교회의 대 신앙고백인 「아우크스부르크 신앙고백」과 비교할 정도로 그 질적 수준을 높이 평가한다. 취리히 시 의회는 67조를 교회 개혁의 원리로 받아들여, 그들이 가야 할 종교개혁의 방향으로 확정하였다. 게다가 취리히 종교개혁의 로드맵으로 삼았으며, 스위스 종교개혁의 길잡이가 되었다. 한마디로 67조는 혼란에 빠진 스위스 교회가 그리스도를 따라가도록 그 길을 분명히 제시하였다.

67조는 매 항목마다 간단명료하게 요지를 다룬다. 간단한 서문과 1-16조는 종교개혁의 근본이며 원리인 성경에 관해, 17조는 교황에 관해, 18조는 미사에 관해, 19-21조는 성자의 중보 기도에 관해, 22조는 선행에 관해, 23조는 성직자의 재산에 관해, 24조는 금식에 관해, 25조는 순례를 위한 공휴일에 관해, 26조는 수도복, 복장 그리고 휘장에 관해, 27조는 수도회, 교파에 관해, 28-29조는 성직자의 결혼에 관해, 30조는 순결 서약에 관해, 31-32조는 파문에 관해, 33조는 불의한 재산에 관해, 34-43조는 정부에 관해, 44-46조는 기도에 관해, 47-49조는 부끄러운 일에 관해, 50-56조는 죄 용서에 관해, 57-60조는 연옥에 관해, 61-63조는 성직에 관해, 64-67조는 폐습의 종결에 관해 말하고, '오직 성경'을 강조하며 간단하게 맺는다. 특징은 1-16조에서 성경 하나님의 말씀에 관해 가장 앞서 그리고 가장 길게 말하고 있으며, 정부에 관해(34-43조) 10조에 걸쳐 길게 할애하고 있다는 점이다.

67조 중 눈여겨볼 부분은 츠빙글리가 우선적으로 제시하는 1-16조이다. 이 16개조에서 츠빙글리는 하나님의 말씀 성경만이 교회 개혁의 근본이고 방향이며 원리임을 천명한다. 오직 하나님의 영감된 성경이

67조의 근원이라는 선언이다. 츠빙글리는 오직 성경에 근거하여 67조를 제시하고 변호하는데, 만약 어느 한 부분이라도 자신이 성경을 오해하여 제시하고 있다면, 그 부분을 자신에게 가르칠 때 기꺼이 잘못을 받아들이겠다고 한다. 1조는 중세 교회의 성경 이해를 반박하며 길을 연다. "복음은 교회의 검증 없이는 아무것도 아니라고 말하는 모든 사람은 오류를 범하고 하나님을 모독한다." 교회의 확증 없이도 성경은 살아 역사하는 하나님의 영감된 말씀이라는 입장이다. 교회가 복음을 복음 되게 하는 것이 아니라, 복음이 성령의 역사로 복음임을 자증한다.

복음의 총체는 우리 주 그리스도 예수께서 하나님의 참 아들이시고, 하늘 아버지의 뜻을 밝히시며, 그의 무죄함으로 우리를 죄에서 건지시고, 우리를 하나님과 화목하게 하시며, 우리를 인도하신다는 것이다(2조).

츠빙글리는 67조에서 오직 성경을 기준으로 바른 교회를 제시한다. 성경이 말하는 것은 말하고, 성경이 말하지 않는 것은 침묵한다. 츠빙글리에게 교회는 예수님을 머리로 모시고 지체로서 하나님의 자녀로 살아가는 자들의 공동체이다. 츠빙글리는 기꺼이 교회가 "그리스도의 가톨릭 교회"(Christi Ecclesia catholica)가 되길 원하는데(8조), 머리가 되신 예수님이 없는 그리스도의 몸의 지체란 상상할 수 없다고 말하며, 교황을 머리로 하는 중세 교회를 부패한 교회로 공격한다(9-12조). 중세 교회가 바른 교회로 변화하는 방법은 하나님의 은혜로 말미암아 진리의 빛 가운데로 나오는 것으로, 머리 되신 예수 그리스도의 진리가 교회를 바른 길과 영생으로 인도한다. 인간이 만든 그 어떤 것도 영생을 얻는 데 조금도 유익을 주지 않는다(13-16조). 오직 그리스도만이 유일하고 영원한 최고의 사제이시기에, 스스로를 최고의 사제로 일컫는 교황은 그리스도의 권세와 능력에 대적하는 자로 정죄되어야 마땅하다(17조). 미사는 결코 제사일 수 없고, 모든 믿는 자의 죄악을 위해 십자가를 지신 주님의 영원하시고 온전한 희생을 다시 기억하는 것이며, 그리스도께서 행하신 그 구원을 향한 하나의 확증이다(18조). 그리스도만이 우리의 의이시기에 그리스도 때문에 얻어진 업적은 선이지만, 우리로부터 행해진 그 어떤 업적도 선일 수 없다(22조).

성도는 음식에 자유하기에 언제든지 어떤 음식이라도 먹을 수 있다. 교황의 '치즈-버터 서신'은 하나의 사기이다(23조). 시간과 장소는 그리스도인에게 종속된다. 그 어떤 기간, 또는 특별한 장소를 향해 행해지는 성지 순례는 그리스도인의 자유를 도둑질하는 잘못이다(25조). 하나님께서 허락하시고 금하시지 않은 모든 것은 옳기에, 성직자를 포함한 모두의 결혼은 타당하다(28-29조). 불의로 얻어진 재물을 전 소유주에게 다시 돌려줄 수 없을 때, 수도원 등 교회 기관에 주어지는 것은 타당하지 않고, 가난한 자들에게 주어짐이 옳다(33조). 67조에서 눈여겨볼 부분은 세속 권력이다(34-43조). 츠빙글리는 자신의 취리히 상황을 보여 준다. 영적 권력이란 근거가 없지만(34조), 세속 권력은 그리스도교의 교리와 삶에서 볼 때 힘과 비준을 갖는다(35조). 영적 권세가 자기들 것처럼 행하는 재판권은 마땅히 세속 정부의 것이 되어야 한다(36조). 세속 권세도 예외 없이 하나님의 뜻을 따르는 그리스도인으로 구성되어, 사형 선고까지도 하나님의 분노를 사는 일이 없어야 한다(37-40조). 하나님과 함께 다스리는 나라는 가장 견고한 최고의 나라이지만, 인간의 자의로 다스리는 나라는 가장 악하고 가장 연약한 나라이다(43조). 츠빙글리가 67조에서 세 번째로 많이 언급하는 주제는 죄 용서이다(50-56조). "우리 주 그리스도 예수를 통하여 하나님은 죄를 용서하신다"(50조). 이 외에 죄 용서를 한다는 사람은 하나님의 영광을 가로채는 자이며, 사죄권은 우상의 전형이다(51조). 고해는 죄 용서가 아니고, 하나의 조언일 뿐이다(52조). 누구든지 돈을 받고 죄를 용서한다는 사람은 분명히 사탄의 사도이다(56조). 연옥에 관해 성경은 아무것도 알지 못한다(57조). 만약 하나님께서 침묵하고 계시다면, 우리도 마땅히 그렇게 해야 한다(59조). "만약 마음이 연약한 자가 죽은 자를 위해 하나님께서 은혜 베푸시기를 기도한다면, 나는 그러한 행동을 정죄하지 않는다." 그런데 물질을 탐하여 거짓말을 한다면, 그거야말로 인간적이지도 않고, 마귀적이다(60조).

질문

1. 67조를 무엇이라 일컬으며, 그 이유는 무엇인가?

2. 67조 중 1-16조가 다루는 것은 무엇인가?

007

개혁교회 최초 교의학

츠빙글리가 1523년 1월 29일 '개혁교회 신학의 원형'이라고 일컬어
지는 67조를 발표했을 때,[8] 콘스탄츠 주교단의 파베르(J. Faber)와 튀빙
겐의 플란츠(M. Plantsch) 등 반대자들은 67조가 '그리스도의 복음과 사
도들의 가르침에 근거를 두고 있지 않으며 또한 진리에 맞지 않는다'
라며 공개적으로 반박했다. 이에 츠빙글리는 그의 저서 중에서 가장
많은 분량으로 '67조에 관한 해설'을 5개월 보름 동안 집필하여 1523년
7월 14일 취리히 시민에게 헌정하며 세상에 내놓았다. 츠빙글리가 67
조 해설서를 작성한 목적은 반대자들의 논리를 꺾기 위함이며, 자신의
입장을 성경적으로 공고히 하기 위함이고, 궁극적으로는 하나님의 가
르침과 영광을 밝히 드러내기 위해서였다. 해설서를 세상에 내놓기 위

---

8 H. Zwingli, "Uslegungen, und gruend der schlussreden oder artikel durch Huldrychen Zwingli
Zuerch uf den XIX tag jenners im MDXXIII jar usgangen." in *Huldreich Zwingli*'s Werke, Erste
vollstaendige Ausgabe durch durch Melchior Schuler und Joh. Schulthess, erster Band, Zuerch
1828, 169–424. 한국어 번역, 훌트라이히 츠빙글리 지음, 『츠빙글리 저작 선집 2』, 임걸 역, (서
울: 연세대학교 대학출판위원회, 2018).

해 츠빙글리는 밤낮 없이 글 쓰는 일에 매달렸다.

'최초의 개신교 교의학', '츠빙글리 사상
의 핵심 고백서'라고 불리는 67조에서, 츠
빙글리는 교회와 사회생활 가운데 그리스
도께서 밝히 드러나시기를 원하며, 성경에
근거하여 그리스도인의 개인 윤리와 사회
윤리를 바로 세우고자 했다. 츠빙글리가 친
구 슈타이너(W. Steiner)에게 보낸 편지에서
말하는 대로, 67조는 "우리 사회에서 일어
난 수많은 뜨거운 논쟁점들의 집합체"였다.

67조 표지(1523년)

67조는 5가지 관계를 보여 주는데, 곧 하나님과 사람, 죄, 루터, 교
회 그리고 윤리이다(U. Gaebler). 츠빙글리의 윤리는 루터보다 훨씬 강
하게 칭의론에 근거한다. 믿음은 사람을 의롭게 만들 뿐 아니라 의롭
게 살도록 만든다. 츠빙글리에게 성경은 모든 신학을 세우는 최고의
기준점이며, 가장 최상의 권위이다. 츠빙글리 신학의 근거는 두 가지
로 '오직 그리스도', '오직 성경'이다.

하나님께 속한 많은 사람들은 내가 제시한 논제들에 대해서
분명하고 정확한 하나님 말씀을 바탕으로 하여 근거를 밝혀
줄 것을 간곡하게 부탁했으며, 나는 하나님 말씀의 영광을 위

해서 이 일을 하지 않을 수 없었습니다. 진리에 근거한 나의
논제들에 대해서 그 논제 중의 몇몇은 아예 그리스도 자신이
직접 한 말씀입니다(츠빙글리, 『츠빙글리 저작 선집 2』, 20).

츠빙글리에게 복음은 이사야 6:1을 따라 마음이 상한 자를 위로하
고, 포로 된 자에게 자유를 선포하며, 갇힌 자에게 해방을 선포한다.
참으로 이상한 것은 사람들이 구원과 평화를 원하지도 않고, 그냥 노
예로 남아 있기를 원한다는 사실이다. 그래서 츠빙글리는 그들 안에서
효모처럼 번져 그들을 변화시키는 생명의 복음을 들려주어야 했다.

진실한 신앙인은 다른 형제가 불신앙 가운데 있는 것을 결코
평안한 마음으로 보지 못합니다. 불신앙에서 벗어나게 되면,
. 어느 누구도 하나님 말씀에 대항할 수 없는 것입니다(츠빙글
리, 『츠빙글리 저작 선집 2』, 23).

질문

1. 츠빙글리는 취리히 시민에게 67조를 헌정하였는데, 그 목적은 무엇
   인가?

2. 츠빙글리가 67조에 관해 친구 슈타이너에게 한 말은 무엇인가?

008

성령이 성경을 검증한다

츠빙글리는 1조에서 중세 교회의 '교회의 인준을 받지 않은 복음은 아무 가치가 없다'는 말이 하나님을 모독하는 것이라고 반박한다. 성경이 하나님 말씀 되게 하는 것은 성령 하나님이시다. 복음을 바르게 이해하는 것은 "하나님으로부터 하나님의 사람임을 검증받은 사람"이 가능하고, "절대적으로 하나님께서 그 사람을 인도하셨느냐(요 6:44), 그리고 그에게 진리를 알려 주셨느냐에 달려 있다"라고 말한다. "따라서 사람이 승인하는 것은 그리스도를 인식하는 데 아무런 도움이 되지 못합니다." 츠빙글리는 요한복음 14:26과 16:13을 가져오며 말한다. 완전한 진리는 오직 성령으로부터 나오는데, 그리스도를 바르게 인식하는 사람은 모두 하나님에게

츠빙글리의 목양실

서 배운 것이지, 사람에게 배운 것이 아니다(츠빙글리, 『츠빙글리 저작 선집 2』, 28-30).

제2조에서 츠빙글리에게 복음의 핵심은 복음서와 바울 서신에 근거하여 예수 그리스도께서 하나님의 참 아들로서 우리에게 하나님의 뜻을 전하시고, 십자가에서 죽으셔서 죄인 된 우리를 구원하시며, 하나님과 우리를 화목하게 하심이다. 그리스도께서 우리에게 오신 세 가지 목적은, 우리를 죄에서 구원함이며, 하나님의 참 사랑을 보여 주고, 하나님께서 우리에게 요구하시는 일이 무엇인지를 가르치시기 위함이다. 복음서는 바로 이런 내용으로 가득하며, 이웃을 위한 그리스도인의 삶을 가르친다. 이것을 짧게는 산상수훈인 마태복음 5-7장이 "가장 아름다운 표현들"로 제시한다. 하나님을 어떻게 높일 것인가는 요한복음 5-6장이 잘 보여 준다. 그리스도께서 성찬을 가르치시는 요한복음 14장 역시 너무도 중요한 말씀이다. 하나님과의 화해는 로마서 5:1-2가 말하고 있다.

그리스도는 과거, 현재, 미래의 모든 사람을 축복으로 인도하는 유일한 길이다(3조). 예수님은 휘장인 그의 육체를 십자가에서 찢으시고 우리에게 살 길을 열어 주셨다. 예수님은 하나님의 집을 다스리시는 위대한 제사장이다. 츠빙글리가 여기서 제시하는 성경은 에베소서 1장, 고린도전서 15:22, 요한복음 6:47, 에베소서 2:14 그리고 히브리서 11:39-40이다.

제4조는 그리스도께서 양들이 드나드는 유일한 문이심을 제시한다. 이를 위해 츠빙글리가 제시하는 성경은 요한복음 10:1–11이다. 도둑은 양들을 훔치고 죽이며 파괴하려고 오지만, 양들은 문이신 그리스도를 통할 때 생명을 얻으며, 풍성한 꼴을 넘치게 얻는다. 츠빙글리가 참 목자와 영혼의 살인자를 구분하며 제시하는 성경은 마태복음 6장, 15:3–20, 베드로후서 2장, 사도행전 20:28–31이다. 이 말씀에 근거하여 츠빙글리는 실제로 누가 영혼의 살인자인지 확인할 것을 제안한다.

특별하게도 5조는 장문이다. 츠빙글리가 5조에서 말하는 주제는 다른 가르침을 복음과 똑같이 여기거나, 혹은 더 중요하게 가르치는 사람들의 오류이다. 이유는 한마디로 그들이 복음이 무엇인지를 모르기 때문이다. 츠빙글리는 그들이 말하는 오류를 세 가지로 열거한다. 첫째, 복음은 이성에서 나오며, 사람의 이성으로 그 복음의 타당성이 인정받는다. 복음은 언제든지 새롭게 생성된다. 둘째, 교황의 성경 해석이 기준이다. 셋째, 복음에는 허점이 많아서 교부들은 그 허점 많은 복음을 온전하게 만들었다.

츠빙글리는 그들 오류의 근거로 창세기와 더불어 시락서 15:14–17을 가져온다. 그들의 양심의 눈이 멀었기 때문인데, 문제는 그러한 자들이 순수한 그리스도인들을 망가뜨리기에 츠빙글리는 그들의 잘못을 찾아내려 한다. 불순종으로 선악과를 먹은 그들과 후손은 아담과 함께 모두가 죽음의 장소에 존재하게 된다. 성령의 은혜가 그들에게 생명을 불어넣을 때까지 그들은 필연적으로 죽음 속에 계속 머물러 있어야만 한다. 오직 하나님의 아들을 통해서만 생명을 얻게 된다(요 1:4, 9-10). 그래서 그들은 스스로 그 어떤 인식에 도달할 때, 율법의 노예가 된다. 그 율법은 사람을 살리지 못한다. 하나님의 영이 모든 사물을 생명으로 인도한다.

> 하나님을 볼 수 있는 가능성을 강탈당한 것, 이것이 진정한 죽음입니다. 죽음의 원인인 죄가 우리에게서 없어지는 것은 오직 생명의 능력으로만 일어날 수 있는 것입니다. 따라서 우리는 하나님 은혜의 역사를 과거에 이미 죽었던 우리를 자신의 아들을 통해서 살린 사실에서 똑똑히 보게 됩니다. 왜냐하면 그 아들은 생명이기 때문입니다(츠빙글리, 『츠빙글리 저작 선집 2』, 47).

질문

1. 성경이 하나님의 말씀임을 증거하는 것은 무엇인가?

2. 츠빙글리가 말하는 복음의 핵심은 무엇인가?

009
교부들의 오류

츠빙글리는 5조에서 교부들의 성경 해석의 오류를 지적한다. 무엇보다도 중세 교회가 교황의 권위를 교부들과 동일하게 본다는 사실이다. 그러나 츠빙글리에게 교황은 적그리스도이며, 교부들 역시 많은 모순을 가지고 있는 사람들이다. 츠빙글리가 성경 해석과 관련하여 강조하는 바는 사람의 이성은 거짓투성이이지만, 하나님의 영이신 성령께서 해석의 주인이시라는 점이다.

> 빛이 비추기 시작하면, 어둠이 사라지기 때문입니다. 성령의 바람이 불면, 모든 위선의 부스러기들과 겉껍질은 날아가 버리고, 새로운 꽃이 피어날 것입니다(츠빙글리, 『츠빙글리 저작 선집 2』, 61). 사람이 하나님의 영을 하나님 말씀의 해석의 주인이자 해석자로 인정하지 않으며, 또한 성경의 뜻을 성령에게서 찾지 않고, 단지 거짓투성이인 사람에게서 찾으려고 할 때, 그런 사람이 나타나는 것입니다. 여기서 내가 바라는 소

망이 있습니다. 복음은 사람에게서 온 것이 아니라, 하나님
으로부터 온 것으로서 사람의 이성으로 해석할 수 없다는 사
실을 모든 사람이 이해하는 것입니다. 또한 복음은 축복으로
인도하는 완전하고 흠이 없는 가르침이라는 사실입니다(츠빙
글리, 『츠빙글리 저작 선집 2』, 65-66).

6조는 그리스도께서 모든 민족의 인도자와 대장이심을 설명하며,
그렇기에 그리스도 예수의 사역과 가르침과 삶은 모든 인간적 판단을
넘어선다고 말한다. 7조 역시 오직 그리스도 안에서 사람들이 생명을
얻게 되며, 그리스도는 모든 믿는 사람의 영원한 구원과 머리가 되심
을 언급한다. 그리스도가 없다면 모든 사람은 죽은 존재이고, 절대 무
능한 존재라고 츠빙글리는 요한복음 15:5에 근거하여 말한다.

질문

1. 츠빙글리가 교부들의 성경 해석의 오류를 지적하며 염두에 둔 생각
은 무엇인가?

2. 하나님 말씀의 해석자는 궁극적으로 누구인가?

010
교회는 무엇인가

8조는 교회가 무엇인지를 두 가지로 설명한다. 우선적으로 교회를 공동 사회 또는 공동체로, 그런 후 믿는 자들끼리 가깝게 모이는 거룩한 모임으로 일컫는다. 첫째, 교회는 "주 예수를 믿는 공동의 믿음 위에 근거하고 세워진 사람들의 전체 공동체"이다(츠빙글리, 『츠빙글리 저작 선집 2』, 72).

교회는 하나님의 말씀이라는 세례 물로 깨끗이 된 사람들입니다. 교회는 그리스도 안에서 머물러 있는 한, 그 어떤 흠이나 주름도 없고, 거룩하고 나무랄 데 없는 사람들입니다(츠빙글리, 『츠빙글리 저작 선집 2』, 73).

둘째, 교회 공동체를 뜻하는데, "어려움 없이 서로 오고 가고 함께 모여서 하나님의 말씀을 듣거나 배울 수 있는 사람들"이다(츠빙글리, 『츠빙글리 저작 선집 2』, 72). 또한 교회는 보편 교회(ecclesia catholica)로서 요한

계시록 21:2를 따라 그리스도의 신부인데, 독일어로는 일반 모임(die allgemeine Versammlung)으로 "성령을 통해서 믿음을 가진 모든 사람의 단체"(츠빙글리, 『츠빙글리 저작 선집 2』, 75)이다. 이들은 거룩한(sanctus) 공동체인데, 정의롭게 행동하기 때문이다. 곧 거룩한 사람들의 교제, 정의로운 신앙인들 또는 그리스도인들의 교제라는 말이다.

> 교회는 성령과 믿음의 빛 속에서 오랫동안 서로 같이 있습니다. 따라서 오직 순수하게 하나님이 준 믿음 안에서 모이지 않은 사람들이나, 완전히 그리스도를 머리로 하는 지체에 속하지 않는 사람들은 그리스도의 교회 안에 있지 않은 사람들입니다. 왜냐하면 오직 유일한 한 분의 하나님과 유일한 한 번의 세례가 있는 것처럼, 오직 하나의 믿음만이 있기 때문입니다. … 오직 그리스도 대한 믿음을 가졌을 때, 그는 또한 성령을 소유합니다. 성령은 나눌 수 없습니다. 아무도 하나의 성령 안에서 두 개의 믿음을 가질 수 없습니다. 모든 신실한 믿음의 사람들은 하나의 성령 안에서 살기 때문에, 그들은 자신들의 믿음과 소망 모두를 성령이 지시하는 오직 유일한 선(Gut)에 둡니다(츠빙글리, 『츠빙글리 저작 선집 2』, 78).

츠빙글리는 과연 성령 안에 있는 자인지 아닌지를 확인하는 방법을 제시하는데, 오직 성경만을 진리의 규범으로 받아들이는지, 아니면 그 외 어떤 것을 추가하는지를 확인하면 알 수 있다는 것이다.

당신들이 하나님 말씀을 당신의 인도자로 여기면서 하나님 말씀이 분명하게 규정하는 것 이외에 어떤 것도 덧붙이지 않는다면, 그래서 당신들이 성경의 스승이 아니라, 성경이 당신들의 스승이 된다면, 그때 하나님의 영은 당신들에게 있는 것입니다(츠빙글리, 『츠빙글리 저작 선집 2』, 79).

질문

1. 츠빙글리는 교회를 어떻게 말하는가?

2. 츠빙글리는 성령 안에 있는 자를 확인하는 방법을 무엇이라 했는가?

중세 교회의 7가지 오류

츠빙글리는 이전의 잘못된 교리는 정확한 성경 해석을 통해 폐지되어야 한다고 주장한다. 한 예로, 로마 교회 최고의 우두머리로 주교 제도와 교황 제도는 여전히 존재하고 있는데, 이는 성경에 근거하여 폐지되어야 할 오류라고 주장한다. 오직 그리스도께서 교회의 머리이시기 때문이다.

11조에서 중세 교회가 얼마나 모순되는지를 7가지로 보여 준다. 첫째, 교황이 교회의 머리라고 하는 것. 둘째, 그리스도는 섬기는 자가 되라고 말씀하시지만, 교황은 왕, 영주, 귀족 등 모든 자 위에 군림하는 것. 셋째, 믿는 자들은 하나님께 배워야 한다고 말하면서, 주교 회의를 통해서만 검증받아야 한다고 하는 것. 넷째, 그리스도를 믿음으로 구원을 얻기에 아무렇게나 살아도 된다고 말하는 것. 다섯째, 사람이 만든 가르침과 규정으로 하나님을 예배하려는 모든 것. 여섯째, 사람들에게 돈을 받지 않고는 그 복음을 전하지 않는 것. 일곱째, 하나님의 이름은 무시되고, 사람들의 이름이 높임을 받고 있는 것이다.

12조는 물질적으로 타락한 교회를 고발한다. 겉으로는 사랑을 외치나, 그들의 목적은 돈 상자이다. 13조에서 츠빙글리는 요한복음 16:13을 제시하며, 성령은 하나님의 말씀을 통해 하나님의 뜻을 깨닫게 하며, 사람들을 하나님께로 인도하고, 하나님 안에서 변화를 일으킨다고 주장한다.

우리가 완전히 자신을 비우고, 성결해지고, 자신을 부정함으로 자신을 늘 버리며, 우리 자신의 확신과 생각과 업적에 어떤 절대 가치도 부여하지 않을 때, 우리는 하나님에게 인도되고 하나님 안에서 변하게 됩니다. 우리의 유일한 확신은 하나님에 대한 소망 속에 있습니다. 그렇게 해서 우리는 그분 안에서 변하게 됩니다. 왜냐하면 그것들이 이루어지게 하는 것은 육체가 아니라 하나님의 영이기 때문입니다(츠빙글리, 『츠빙글리 저작 선집 2』, 91-92).

질문

1. 츠빙글리가 말하는 중세 교회의 잘못은 무엇인가?

2. 그리스도 안에서 이루어지는 사람의 변화는 무엇인가?

오직 복음

14조는 그리스도인은 언제 어디서나 그리스도께서 구원의 복음이심을 선포하고, 그리스도의 말에 귀를 기울이는 데 최선을 다해야 한다고 가르친다. 교부들의 말도 아니고 철학자들의 말도 아니다. 오직 복음만이 선포되어야 한다. 15조는 구원은 복음을 믿음이고, 저주는 복음을 믿지 못하는 불신앙이라 말한다. 복음을 믿을 때, 구원과 함께 성령의 조명으로 참 진리를 깨닫게 된다. 16조는 사람이 만든 교리와 규정이 구원에 아무런 도움이 되지 못함을 복음을 통해서 가르치며, 복음은 '하나님께서 자신의 독생자를 통해 전해 준 모든 것'으로 정의한다. 반대로 사람을 통해서 주어지는 그 어떠한 것도 복음일 수 없다. 그리스도께서 오신 후에 율법은 사라지고, 성령을 따라 살아가는 자유가 주어졌다. 물론 이 자유는 믿는 자들에게만 주어질 뿐이며, 불신자들에게는 여전히 율법이 유효하다. 믿음으로 구원에 이른 자들은 그 어떤 율법의 정죄도 받지 않는다.

그리스도는 믿는 이들을 위해서 율법을 없애 버렸습니다. 왜
냐하면 하나님의 영이 있는 곳에 자유가 있기 때문입니다(고
후 3:17). 믿음이 있는 곳에는, 또한 하나님의 영이 있습니다
(요 6:63). 따라서 진정한 믿음이 있는 곳에, 자유가 있습니다.
… '영으로 사는 삶'이란 육체의 논리와 욕망의 영향에서, 곧
사람의 본성에서 자유롭게 되고 오직 성령에 의지해서 사는
삶을 말합니다. 완전히 주 예수 그리스도를 의지하는 사람들
은 어떤 율법으로도 더 이상 정죄당하지 않습니다. 그래서 내
가 계속 말하는 것입니다. 우리는 살리는 성령의 법, 다시 말
하면 모든 것을 살리는 성령에 의한 가르침과 지시하심이 그
리스도 안에 있는 나를 자유롭게 만들었습니다. … 성령은 율
법 위에 있습니다. 그리고 성령이 있는 곳에 사람은 더 이상
더 이상 율법이 필요치 않습니다. 믿음이 있는 곳에 성령이
있습니다(츠빙글리, 『츠빙글리 저작 선집 2』, 101-102).

17조는 그리스도만이 모든 믿는 자의 유일한 머리, 곧 영원한 최고
의 대제사장이심을 강조한다. 그가 죄인들을 구원하시기 위해 희생 제
물이 되셨기 때문이다. 로마 교회가 내세우는 교황은 여기에 해당되
지 않을 뿐 아니라, 하나님께서 성경 그 어디에서도 교황을 하나님의
대리자로 말씀하시고 있지 않다. 로마 교회가 내세우는 성경 구절들은
근거가 될 수 없다. 교황의 수위권은 사람이 만든 제도이기에 사람이
폐기함이 옳다. 도리어 가장 앞서거나 높은 사람이 되려면, 제일 먼저

다른 사람을 섬기고 높이는 사람이 되어야 할 것이다. 믿음에 대해서
교황은 실수가 없다는 말은, 역사를 통해서 교황들이 얼마나 많은 오
류를 범했는지를 볼 때 헛소리일 뿐이라고 츠빙글리는 말한다.

> 누구라도 자신이 가장 높은 위치에 있다고 주장하는 사람은
> 바로 적그리스도입니다(츠빙글리, 『츠빙글리 저작 선집 2』, 137).

18조는 주로 히브리서에 근거하여 미사의 정의를 내리며, 희생 제
사로서의 오해를 바로잡는다. 미사는 그리스도께서 우리의 구원을 위
해서 하신 일을 회상하며 확신시키는 일이어야 한다고 말한다. 그리스
도의 십자가의 죽으심은 모든 죄인을 위한 완전하고, 유일한 희생으로
서 결코 미사에서 반복될 수 없다. 구약에서 드려지는 제사장들의 제
물과는 전혀 다른 성격의 것이다. 츠빙글리는 성례(sacramentum)를 언
급하며, 로마 교회가 내세우는 신품성사와 견신례, 그리고 종부성사
를 비성경적이라고 반대한다. 무엇보다 하나님의 말씀을 통해서 이를
증명할 수 없기 때문이다. 츠빙글리는 중세 교회가 성례 이해에서 왜
이러한 오류를 가지게 되었는지를 두 가지로 설명한다. 교황청이 강제
로 법과 질서, 규정을 만들어서 반복하여 자신들의 종교 관습을 준수
할 것을 강요한 데서 속임수가 시작되었으며, 미사가 하나의 희생 제
사라는 생각을 주입시키면서 강화되었다.

질문

1. 그리스도인이 최선을 다해야 할 것은 무엇인가?

2. 츠빙글리는 교황을 어떻게 생각했는가?

츠빙글리, 루터를 말하다

츠빙글리는 루터가 말하는 계약으로서의 성례에 동의하면서 자신이 말하는 기억으로서의 성례는 다른 관점으로 말한 것임을 밝힌다. 루터는 성찬의 내적 특성과 본질에 관하여, 자신은 성찬의 외적 사용과 방법, 그리고 성찬식의 진행에 관해 정의를 내렸기 때문에, 표현은 다르지만 둘 사이에는 그 어떤 모순도 없다고 말한다. 과연 후대가 이러한 츠빙글리의 말을 그대로 받아들였을지 궁금하다. 어쨌든 츠빙글리는 루터의 '계약'을 받아들이며, 자신의 '기억'(ein widergedaechniss)의 예식으로서의 정의를 기꺼이 내려놓을 수 있음을 밝힌다.

'계약'이라는 말은 그리스도의 몸과 피의 본성과 특징과 본질을 보여 주는 개념입니다. 그래서 성찬식에 대한 내 정의를 접겠습니다. 그러나 '기억'이라는 단어는 우리가 성찬식을 진행하는 관습에서 온 것입니다. 우리는 단 한 번 일어난 그 일을 기억하기 위해서, 그리스도의 유언인 몸과 피를 먹고 마시는 것입니다. 단지 나는 그것을 '희생 제사'라고 주장하는 사람들의 생각을 반박하기 위해서, 하나님 말씀에 따라서 '기억'이라고 규정한 것입니다(츠빙글리, 『츠빙글리 저작 선집 2』, 172).

츠빙글리는 어떤 자세로 '거룩한 식사'인 성찬식에 참여해야 하는지를 말한다. 곧 성찬식에로의 참여 조건이다. 당시 교회는 회개와 고해 성사를 하고, 죄 없는 사람이 성찬식에 참여해야 한다고 하는데, 츠빙글리는 이를 잘못이라고 반박한다. 츠빙글리에게는 성찬에 참여하는 사람들의 마음가짐이 중요한데, 주님께서 요구하시는 마음으로 '합당해야' 한다는 것이다.

주님이 음식을 내주면서 목표로 하는 것과 그 이상의 것이 있음을 인정한다면, 우리는 주님이 원하는 합당한 사람들이 되는 것입니다(츠빙글리, 『츠빙글리 저작 선집 2』, 175).

성경을 전체적인 맥락에서 읽을 줄 알아야 한다. 성찬식에 참여하면서 잘못을 범하는 자들이 있는데, 자신들이 죄가 없다고 생각하는 사람, 죄를 가진 채 회개 없이 성찬을 영혼의 도피처로 아는 자, 죄 없는 인간이 있을 수 없는 데도 죄 없이 성찬에 참여하라고 하는 자들이다.

사람들은 '그의 몸과 피'란 하나님 앞에서 믿는 믿음의 영혼

들을 위한 구원과 보증, 보상과 대가라는 것을 알아야 합니
다. 이것은 하나님의 영을 통해서 이루어집니다. 하나님의
영은 믿게 만듭니다. 그러고 나면 사람은 살아납니다. 제자
들이 잘못 이해했던 육체는 아무 소용이 없습니다. 그리스도
가 제자들에게 했던 말씀은 그들의 생명과 영의 보증서입니
다(츠빙글리, 『츠빙글리 저작 선집 2』, 178).

18조에서 츠빙글리는 적지 않은 분량으로 독일의 종교개혁자 루터
와 자신의 관계를 분명하게 밝힌다. 츠빙글리는 루터를 "하나님의 성
실한 종"(des weidlichen diener gottes), "매우 특별한 하나님의 전사"(ein
treffenlicher streyter gottes)로 일컬으면서도, 자신을 루터주의(luterisch)로
명명하는 것에는 진실이 아님을 밝히며 동의하지 않는다.[9] 츠빙글리
는 자신이 왜 루터주의자가 아닌지를 신학적 차이를 들면서 그리고 역
사적으로 조목조목 밝힌다. 특히 츠빙글리가 이해할 수 없는 일이 "우
습게도" 벌어지고 있는데, 성경적으로 또는 하나님의 말씀을 따라 그
리스도의 가르침을 그대로 전했을 뿐임에도 사람들이 자신을 루터주
의자로 부르는 일이다. 루터를 알지도 못하는 사이에 단지 자신은 오
직 성경을 따라 전했을 뿐인데, 사람들은 그를 루터주의자라 부른다는
것이다.

---

9 Huldreich Zwingli, *Huldreich Zwingli's Werke, erste vollstaendige Ausgabe durch Melchior Schuler und Joh. Schulthess*, Erster Band, Zuerich 1828, 249ff. 츠빙글리, 『츠빙글리 저작 선집 2』, 180 이하.

교황 추종자들이 나를 '루터주의자'라고 규정하는 것을 원하지 않습니다. 왜냐하면 나는 그리스도의 가르침을 루터에게서 배운 것이 아니라, 하나님 말씀 자체에서 배웠기 때문입니다. … 비록 루터를 살아 있는 모든 사람 중에서 가장 높게 평가하고 있음에도 불구하고, 왜 내가 '루터주의자'라고 불리는 것을 싫어하는지 모든 사람들이 잘 이해하기를 바랍니다. … 루터와 나와의 지리적 거리가 엄청나게 떨어져 있음에도 불구하고 우리 둘이 가르치는 그리스도의 가르침이 마치 약속이나 한 듯이 똑같다는 사실을 모든 사람들에게 보여 주라는 것입니다. 그렇다고 내 자신의 위치를 루터와 같은 위치에 두려고 하는 것이 아닙니다. 사람은 모두 하나님의 부르신 대로 행하기 때문입니다(츠빙글리, 『츠빙글리 저작 선집 2』, 186-187).

츠빙글리는 자신이 왜 루터주의자가 아닌지를 여섯 가지로 밝힌다.

하나, 츠빙글리는 자신이 독일의 종교개혁자 루터를 알기 전에, 아니 보다 앞서 오직 성경(sola Scriptura)의 원리를 실천했다. 또한 루터가 1517년 종교개혁을 일으키기도 전에, 자신은 1516년 아인지델른에서 사역할 때 오직 성경에만 기초하여 그리스도의 복음을 설교하기 시작했다고 고백한다.

둘, 츠빙글리는 교부들의 성경 해석을 경계하기 시작했다. 물론 아인지델른 목회 당시 교부들의 성경 해석에 심하게 의지했었지만, 아인지델른 수도원장이었던 게롤드제크(D. v. Geroldseck)가 교부들의 성경 해석에 자주 화를 내는 것을 보면서 교부들이 "성경을 완전히 잘못 해석하고 있다는 사실을 분명히 깨닫기 시작"했다.

셋, 츠빙글리가 중세 교회와는 차별화된 '오직 성경'을 만방에 알리는 시점은 1519년이었다. 1519년 1월 1일, 취리히 그로스뮌스터교회에서의 마태복음 설교가 결정적이었다.

넷, 츠빙글리는 마태복음 주석에서 주기도문 강해를 루터보다 앞서 출판했다.

다섯, 교황청에서 취리히로 추기경들을 특사로 보냈는데, 그들이 루터를 이단으로 정죄하기 전에는 츠빙글리를 루터주의자로 정죄하지도, 부르지도 않았다.

여섯, 츠빙글리는 자신을 루터주의자라고 일컬음을 받기보다는 바울주의자 아니 그리스도의 말씀을 선포하는 그리스도인이라고 불러 달라고 호소한다.

앞에서도 언급했지만, 츠빙글리는 루터를 "매우 특별한 하나님의 전사"이며 지난 천 년 이래 그와 같은 사람이 이 땅에 없을 정도로 성경 연구에 온 힘을 다한 인물로 평가한다. 교황제가 생긴 이래 루터처럼 용기 있게 로마 교황을 공격한 사람은 없다는 것이다. 그러면서도 츠빙글리에게 루터의 가르침은 전혀 새로운 것이 아니었고, 영원히 변하지 않는 하나님의 말씀 속에 있는 내용, 곧 하늘의 보물을 전달하는 것일 뿐이었다. 츠빙글리는 자신이 루터주의자로 불리는 것에는 반박

하면서도 루터의 역사적 가치에 대해서는 인정하기를 결코 주저하지
않는다(츠빙글리, 『츠빙글리 저작 선집 2』, 180-183).

1519년 취리히에서 설교를 시작했을 때, 존경하는 기관장들
과 수도원장과 주 교좌 성당 참사회원들에게 분명히 내 생각
을 천명했습니다. 하나님의 도우심으로 마태복음을 설교할
계획이지만, 사람이 세운 별로 가치 없는 전통을 전혀 따르지
않을 것이며, 그 전통에 잘못 이끌려 가지도 않을 것이며, 동
시에 전통과 논쟁할 생각도 없음을 밝혔습니다. 그해 초에 -
나는 요한의 날에 취리히로 갔습니다 - 우리 중에 어느 누구
도 루터가 면죄부에 대한 책자를 썼다는 사실 외에는 그에 대
해서 더 이상 아는 사람이 없었습니다. 그런데 루터의 책자의
내용은 전혀 새로운 것이 아니었습니다. 왜냐하면 내 상담자
이며 스승이었던 비엘(Biel) 출신의 비텐바흐(T. Wyttenbach)
박사가 바젤에 머무르기 얼마 전 - 물론 나는 거기에 없었습
니다 - 자신의 논문을 발표했는데, 그 글에서 '면죄부가 사
기'라는 사실을 이미 잘 알고 있었습니다. 따라서 그 당시 루
터의 저서는 마태복음에 관한 내 설교에 거의 도움을 주지 못
했습니다. 그러나 처음부터 하나님 말씀을 듣기를 열망하는
사람들이 모두 마태복음에 관한 설교에 예외 없이 몰려들었
고, 나 또한 그런 상황에 놀라지 않을 수 없었습니다(츠빙글리,
『츠빙글리 저작 선집 2』, 181).

질문

1. 츠빙글리가 말하는 루터의 성찬 이해에서 다른 관점은 무엇인가?

2. 츠빙글리는 루터를 어떻게 생각했는가?

믿음은 무엇인가

19조, 20조는 유일한 중보자 예수 그리스도를 내세운다. 츠빙글리는 예수님 외에 그 누구도 죄인들의 중보자가 될 수 없다고 잘라 말한다. 더 나아가 츠빙글리는 자신을 성인 중보 기도를 "폐기해 버리라고 감히 주장했던 첫 번째 사람"으로 내세운다. 츠빙글리가 성인들의 중보 기도를 부정함은 그들의 명예를 추락시키려 하는 것은 아니다. 성인 숭배와 그들의 중보 기도를 성경 그 어디에서도 말하고 있지 않기 때문일 뿐이다. 사람들이 성인들에게 기도하기보다는 살아 계신 하나님께 기도할 때, 그들은 주님께서 얼마나 사랑이 많은지 체험하게 되고, 주님을 더욱 가까이 알게 됨을 츠빙글리는 강조한다. 그렇게 될 때, 그들은 진정으로 하나님을 알게 되며 하나님을 떠날 수 없게 된다. 츠빙글리는 성인 숭배를 우상 숭배로 정죄한다(츠빙글리, 『츠빙글리 저작 선집 2』, 210-211).

내가 성인들이 하나님 옆에서 평강과 기쁨을 누리고 있는 것

을 의심한다거나 마치 죽은 후에 구원이 없는 것처럼 말한다
고 생각해서는 안 됩니다. 세상 사람 누구도 그렇게 생각해서
는 안 됩니다! … 이제 못된 학자들은 ‘성인들의 중보 기도 없
이는 아무도 하나님에게 갈 수 없다’고 주장할 정도입니다.
그래서 사람들은 성인들의 공로에 의지하게 되었고, 창조주
보다는 피조물을 더 믿게 되었으며, 오직 하나님에게 돌려야
할 영광을 창조물에게 돌리게 된 것입니다. 이런 행동이 바로
우상 숭배입니다(츠빙글리, 『츠빙글리 저작 선집 2』, 213).

츠빙글리는 하나님 앞에 인간의 공로나 선행을 과연 내세울 수 있
는지를 묻는다. 성인들의 공로나 업적을 내세우고 그들의 공로를 힘입
으려고 하는 것 자체가 하나님 앞에서 범죄라고 단언한다. 먼저는 하
나님 앞에서 우리의 공로가 과연 무슨 의미가 있느냐를 반문하는데,
다르게는 하나님께서 우리에게서 행하신 일을 우리가 한 일로 변조한
잘못을 범하는 것이기 때문이다. 분명한 것은 의로운 성인들이 그 어
떤 조그마한 일도 자기들이 한 것처럼 결코 말한 적이 없다는 점이다.

성인들의 일도 마찬가지입니다. 그들의 일이 선하다면, 그것
은 절대로 그들의 공로가 아닙니다. 왜냐하면 사람에게서 어
떤 선한 것도 나오지 않기 때문입니다. 그러나 우리가 상상하
는 것처럼, 선한 것이 사람에게서 나왔다면, 사실 그것은 사
람에게서 나온 것이 아니라, 하나님에게서 나온 것입니다(츠

195

빙글리, 『츠빙글리 저작 선집 2』, 221).

이쯤해서 츠빙글리는 믿음이 무엇인지를 말한다. 믿음은 공로를 내세우지 않고, 오직 하나님의 은혜이다. 오직 하나님께서 하신 일이며, 그 믿음은 점점 자라고 커진다. 씨가 처음에는 어떻게 되는지 알지 못하나, 싹이 나고, 이삭을 내고, 그 다음에 알찬 곡식이 되는 것처럼, 믿음도 이렇게 자라 열매를 맺는데, 그 믿음은 오직 하나님께만 속한 것이기 때문이다. 하나님의 역사로 그 믿음이 자라나기 때문이다. 그리고 그렇게 자라난 우리의 믿음은 우리가 인식하지 못해도 삶의 변화를 통해서 드러난다.

> 믿음이 자라면 자랄수록, 선한 행동은 점점 늘어나게 됩니다. 믿음이 커지면 커질수록, 하나님이 당신 안에서 더 크게 차지하기 때문입니다(츠빙글리, 『츠빙글리 저작 선집 2』, 228).

츠빙글리는 성경 연구와 교부학 공부를 통해 성인들의 중보 기도가 비역사적이며, 비성경적이라고 못 박는다. 특히 중세 교회가 성인 중보 기도의 근거를 몇몇 교부들의 글에서 가져오는 것에 츠빙글리는 전혀 동의할 수 없었다. 첫째, 성경이 성인 중보 기도를 전혀 말하지 않는다. 둘째, 교부들이 성인 중보 기도를 "아주 조금" 언급하거나 또는 "전혀" 언급하지 않고 있다. 셋째, 만약 어떤 교부가 성인 중보 기도를 말할지라도 "전혀 설득력이" 없는데, 그들이 성경적 근거를 제시하지 않기 때문이다. 넷째, 교부들이 성인 중보 기도와 관련하여 성경 구절을 근거로 제시하는 경우에는, 원문으로 이해할 때 "그들이 주장하는 뜻과는 전혀 관련이 없었"다. 다섯째, 교리화되었을 경우, 성경적 뒷받침이 없다. 도리어 그들이 내세운 교리와는 반대되는 성경 구절만 발견할 수 있다(츠빙글리, 『츠빙글리 저작 선집 2』, 268-269).

질문

1. 츠빙글리는 성인들의 공로를 의지하려는 태도를 어떻게 보는가?

2. 츠빙글리가 성인 중보 기도를 반박한 근거는 무엇인가?

015
바른 기도

21조에서 츠빙글리는 중보 기도의 유익성을 강조하며, 중보 기도는 "오직 살아 있는 사람들에게만 적용된다"고 말한다. 주기도문 역시 "오직 살아 있는 사람에게만 적용되는 것이며, 살아 있는 사람들은 서로를 위해서 기도해야 한다는 사실을 잘 보여 주고"(츠빙글리, 『츠빙글리 저작 선집 2』, 274) 있다. 이는 중세 교회가 행했던 사자(死者)를 위한 기도를 염두에 둔 말이다. 츠빙글리는 성인들의 중보 기도에 관한 성경 구절을 단 한 군데도 찾을 수 없다고 재차 강조한다. 츠빙글리는 기도를 "하나님께로 향한 영혼의 도약이며 영혼의 바라봄"으로, 한편으로는 믿음의 표시이며, 다른 한편으로는 우리의 필요를 향한 순수한 간청으로, "오직 신앙에서 나오는 절박한 부르짖음"으로 정의한다. 흥미롭게도 츠빙글리는 여러 각도에서 많은 성경 구절들을 가져오고 앞선 신앙 선배들의 기도 이해를 가져온다. 기도는 하나님을 향한 찬양과 경배이고, 우리가 절실히 필요로 하는 것에 대한 절대 믿음의 요청이라고 이해한다. 오랫동안 시간을 들여 하는 중언부언 기도를 금한다. 간절한

기도는 하나님을 향한 절대 신뢰를 전제해야 하는데, 마태복음 6:7-
13을 근거로 많은 말이 필요하지 않다는 것이다. 기도할 때 많은 말을
하지 말라는 츠빙글리의 강조는 여러 번 반복된다. 많은 말보다는 진
심으로 하나님을 신뢰하는 마음으로 다가가는 태도가 더 요구된다. 하
나님은 구하기 전에 무엇이 필요한지를 아시기 때문이다. 예수님께서
가르치신 기도는 몇 가지로 정리되는데, 기도할 때 많은 말을 하지 말
것, 쉬지 말고 기도할 것, 쓸데없는 말을 함부로 내뱉지 말 것이다. 예
수님은 반복 기도와 건성으로 하는 기도를 비판하신다. 츠빙글리에게
기도하는 자들이 조심해야 하는 것은 두 가지이다. 먼저 기도를 물질
적인 요청으로 이해해서는 안 되며, 다음으로 기도의 양에 따라 하나
님께서 보상하셔야 할 그 어떤 공로로 이해해서는 안 된다. 예수님게
서 가르치신 주기도문에 근거하여 츠빙글리는 무작정 떠벌리는 기도
를 하지 말 것, 많은 말을 하지 말 것을 내세운다. 츠빙글리에게 진정
한 기도는 마음으로 하는 기도이다. 입술로만 하는 기도는 하나님에
대한 모욕이고, 조롱이다(마 15:8). 츠빙글리는 주기도문의 죄 용서 부
분을 설명하면서 중요한 언급을 한다. 아무리 주기도문이 당신에게 익
숙해져 있다 할지라도, 그 대목에서 양심의 가책을 느껴야 한다는 것
이다.

'하나님은 내가 내 원수를 대하는 태도 이상 나를 더 잘 대해
주지는 않을 것이다'라는 사실입니다. … 이 세상에서 근본적
으로 우리 자신이 믿음이 있는지 없는지를 시험할 수 있는 기

도와 우리 자신을 완전히 인식하게 만드는 기도는 주기도문 이외에 다른 것이 없다는 결론을 알게 되었습니다(츠빙글리, 『츠빙글리 저작 선집 2』, 278-279).

츠빙글리에게 참된 기도는 "영으로 존재하는 하나님을 우리의 영혼으로 부르는 것"이다. 다음은 츠빙글리의 기도 생활 내지는 전환적 기도 이해를 보여 주는데, 주목을 요한다.

이제 교회에서 큰 소리로 드리거나 낮은 소리로 웅얼거리며 드리는 모든 빈말 기도는 사라져 가고 있습니다. 우리의 영혼이 진정으로 하나님과 대화하기를 원한다면, 사람들이 많이 모이는 교회에서가 아니라 홀로 있는 곳에서 기도를 해야 합니다. 그리스도는 그 사실을 정확하게 알고 있었고, 그래서 하나님과의 대화를 위해서 아무도 없는 은밀한 장소를 제안합니다. … 따라서 사람들 앞에서 소리치는 것은 순전한 위선입니다(츠빙글리, 『츠빙글리 저작 선집 2』, 281).

츠빙글리는 성령의 인도로 아주 오랫동안 기도할 수 있다고 말한다. 물론 오랫동안 기도하는 일은 매우 힘든 일이나, 성령의 진리 안에서 오랫동안 기도할 수 있다는 것이다. 사실 츠빙글리에게 진정한 기도는 성령 안에서만 일어날 수 있다.

그러나 우리는 성령의 진리 안에서 오랫동안 기도할 수 있습니다. 다시 말하면 우리가 하나님의 영광에 대해서 생각하면서 그의 은혜에 대해서 감사하고, 자신에게 고유한 몸과 영혼이 없다는 것을 깨닫고 나서 자신을 포기하고 오직 하나님의 사랑에 의지하고 매일 그리스도인의 사람으로 살려고 결심할 때, 사람은 그렇게 오랫동안 기도할 수 있습니다. 그러한 기도는 진정으로 성령 안에서만 일어날 수 있는 기도이기 때문입니다. 그러나 반복해서 말하는 빈말 기도는 오래갈 수 없는 법입니다(츠빙글리, 『츠빙글리 저작 선집 2』, 282).

끝으로 츠빙글리는 잘못된 기도가 우상 숭배에서 나오기에, 바른 기도를 할 때에 우상 숭배는 사라진다고 믿는다. 잘못된 기도의 대표는 중세 교회에서 드리는 성인에게 하는 중보 기도이다.

질문

1. 츠빙글리는 어떻게 기도를 정의하는가?

2. 츠빙글리가 말하는 기도와 우상 숭배의 상관관계는 무엇인가?

016
율법은 폐기되었나

22조는 그리스도께서 우리의 의이심을 밝힌다. 오직 그리스도로부터 나온 것은 선하나, 우리에게서 나온 것이라면 선하지 않다. 츠빙글리는 율법과 복음의 관계를 제시한다. 분명한 것은 츠빙글리에게 하나님은 영원하시고 유일하시며 결코 변함이 없는 선으로서 모든 선의 근원이시기에 하나님의 뜻은 정의와 선의 영원한 원천이다. 율법이 하나님에게서 나왔으므로, 분명히 그것은 선하다. 율법은 하나님의 뜻을 나타내고, 정의와 선에 관한 변함없는 규칙이고 기준이다. 문제는 그 율법을 따라 살지 못하는 것이다.

> 하나님에 대한 절망과 증오는 율법의 영향 때문이 아니라, 율법의 요구를 따라가지 못하고 아무것도 할 수 없는 육체를 가진 근본악에서 나온 것이기 때문입니다(츠빙글리, 『츠빙글리 저작 선집 2』, 292).

츠빙글리에게 율법은 폐기되었는가? 믿는 사람은 율법의 억압에서 해방된 사람으로, 더 이상 율법의 심판을 두려워하지 않는다. 그는 "오직 하나님이 영원히 실천하라고 명령한 선한 일만을 염두에 두고" 살며, "특정한 시대에만 실천하라고 명령한 그 형식적인 의식들을 어린이 장난으로 여기고, 교황 추종자들이 주장하는 공허한 의식들을 절대로 중요한 것으로 생각하지 않"는다. 그럼에도 믿음의 사람들은 하나님의 뜻이 나타난 계명을 "하나님의 의지의 형식"으로 여기고, 사랑으로 실천한다. 반면, 불신의 사람들은 그 "계명을 증오"한다(츠빙글리, 『츠빙글리 저작 선집 2』, 292-293).

> 믿는 사람은 계명을 자신의 능력으로 행하는 것이 아니며, 하나님이 믿는 사람을 통해서 자신의 사랑과 결정과 사역을 보여 줍니다. 믿는 사람은 자신의 모든 행동과 업적들 자체가 아무것도 아니며, 오히려 자신의 모든 사역을 통해서 일어난 일들이 오직 하나님의 사역임을 분명하게 알고 있습니다. 그런데 하나님의 일과 뜻을 실천하지 못했을 경우에, 다시 말하면 하나님의 계명을 어겼을지라도 그는 절망하지 않습니다. 왜냐하면 자신의 구원은 예수 그리스도에게 있다는 사실을 잘 알기 때문입니다(츠빙글리, 『츠빙글리 저작 선집 2』, 293).

츠빙글리는 어떤 계명이 영원한지를 언급한다. 그 영원한 계명은 마태복음 22:37-39의 말씀으로, 하나님을 사랑하고 이웃을 사랑하라는 명령이다. 어떤 계명은 하나님을 사랑하라는 계명에 속하며, 어떤 계명은 이웃을 사랑하라는 계명에 속하는데, 츠빙글리에게 의식적인 계명들은 하나님을 사랑하라는 계명에 속하지 않는다.

'나는 아닙니다. 의식들이 하나님께 영광을 돌리는 것이라면, 하나님은 예언자 이사야와 에스겔이 그것들을 폐기하지 못하도록 했을 것입니다'라고 대답할 것입니다(츠빙글리, 『츠빙글리 저작 선집 2』, 293).

츠빙글리의 율법 이해를 네 가지로 정리할 수 있다.

하나, 정의와 선을 원하시는 하나님의 뜻은 영원하다.

둘, 하나님의 뜻에서 나온 율법은 영원하나, 문제는 우리가 그것을 온전히 지키지 못한다.

셋, 하나님의 뜻은 영원하며, 우리는 하나님의 은혜로 그 뜻을 추구한다.

넷, 그리스도는 우리의 의가 되신다.

질문

1. 츠빙글리가 말하는 영원한 계명은 무엇인가?

2. 츠빙글리가 말하는 네 가지 율법 이해는 무엇인가?

목회자가 사유 재산을 소유할 수 있는가

23조는 성직자가 세상의 부에 대해 어떤 자세를 가져야 할지를 말한다. 츠빙글리에게 가난하셨던(눅 9:58) 예수님은 성직자들이 따라야 할 모범이다(요 13:15). 예수님의 나라는 이 세상에 속하지 않았고(요 18:36), 세상의 부와 권력은 예수님에게 관심의 대상이 아니었을 뿐 아니라, 예수님은 이를 무시하기까지 하셨다. 성직자가 그리스도의 이름으로 부와 재산을 쌓는다면, 그는 그리스도를 배반하는 자이며, 위선자이고, "그리스도가 명령한 것과 완전히 반대로 산다는 것을" 인식하지 못하는 "바보"이다. 츠빙글리는 말과 행동으로 그리스도를 선포하고 따르는 신실한 종들이 많이 있다는 긍정적 사실을 잊지 않는다. 불신자들은 이러한 그리스도를 따르는 가난한 자들을 "너희는 참 무능한 사람들"로 비난하는데, 이러한 비난은 기독교 초기부터 있어온 사실이다. 그렇지만 그리스도의 가난과 겸손보다 더 확실한 모범은 없다. 가난과 겸손은 참 성직자들에게 필히 요구되는 표식이다(츠빙글리, 『츠빙글리 저작 선집 2』, 297-298).

악마가 제일 잘한 짓이란 하나님의 이름으로 부를 쌓으라고 가르친 것입니다. 모든 죄악은 여기서 나옵니다. 그러나 하나님의 아들이 악마의 사역을 파괴하고 없애기 위해서 이 땅에 왔습니다(요 3:8)(츠빙글리, 『츠빙글리 저작 선집 2』, 298).

질문

1. 성직자들의 모범은 누구인가?

2. 악마가 제일 잘한 짓은 무엇인가?

그리스도인의 자유

24조는 음식에 관한 중세 교회의 규례 '치즈-버터 서신'을 언급하며, 이 서신을 하나님께서 요구하시지도 않는 일을 의무화한 교황청의 오류로 정죄한다. 순전히 인간적 가르침과 규범에 근거하여 만들어졌기 때문이다. 그럼에도 츠빙글리는 이와 같은 기준으로 국가법과 사회법을 평가하지는 않는다. 츠빙글리가 그것을 인간적인 계명으로 낙인찍는 이유는, 그것이 하나님의 명령과 말씀에 어긋나기 때문이다. 사람이 취하는 그 어떠한 음식도 사람을 더럽히지 못한다(막 7:18). 하나님께서 감사함으로 먹도록 음식을 만드셨는데, 사람의 생각과 양심이 더러워져 잘못을 범하고 있다. 그러기에 몇몇 음식들을 먹지 못하도록 금지한 '치즈-버터 서신'은 교황청의 사기로, 이 역시 돈을 벌기 위한 일종의 수단이라는 것이다.

25조는 그리스도인의 자유에 반해 시간과 공간을 제한하는 것은 그 주인이신 그리스도를 대적하는 것이라고 말한다. 예수 그리스도는 성전보다 크신 분, 안식일의 주인이시다. 성경은 은혜를 받기 위해 특정한 장소가 요구된다고 말하지 않는다. 츠빙글리는 그 어떤 특정 장소를 은혜의 장소라고 말하는 사람들을 "참으로 어리석은 사람들"로 일컫는데, 이는 "하나님을 제한하고 옭아매는 것"이며, "하나님의 은혜를 결박하는 것이고, 하나님의 은혜의 본질을 숨기는 것"이라고 비판한다. 이들이야말로 예수님께서 말씀하신 것처럼 "나쁜 그리스도인"이며, "적그리스도인"이다(마 24:24-26).

> 하나님을 특정한 장소와 시간에 한정시키고자 하는 사람들은 그리스도인에게서 자유를 빼앗는 행동입니다. 왜냐하면 사람들이 하나님으로 가는 길을 막을 뿐 아니라, 사람을 위해서 존재해야 될 시간을 사람의 가치보다 위에다 놓기 때문입니다(츠빙글리, 『츠빙글리 저작 선집 2』, 307).

질문

1. 츠빙글리가 치즈-버터 서신을 비판한 이유는 무엇인가?

2. 츠빙글리가 말하는 나쁜 그리스도인은 누구인가?

수도원을 폐지하라

  26조는 "하나님이 가장 싫어하는" 위선을 말하는데, 위선은 "하나님에 대한 모독"이기 때문이다. 위선은 "사람들 앞에서 원래의 자신의 모습보다 더 잘난 것처럼 행동하는 모든 것"으로 하나님 앞에 내세울 수 없다(욥 13:16). 위선은 "하나님의 말씀에 반대되는 … 속임수"로 회칠한 무덤과 같다. 츠빙글리는 하나님을 "순수하고 거짓이 없는 선함 … 진리"로 부른다. 위선은 "우리가 생각하는 것보다 훨씬 더 사악하고 위험한 죄악"이기에, 위선자는 "구원받을 희망이 없는 사람"이다. 문제는 위선이 자신도 모르게 마음에 죄악으로 자리 잡을 수 있다는 것이다.

> 따라서 모든 사람은 자신의 마음의 정원에 위선이라는 잡초가 자랐는지, 매일 스스로의 죄를 돌아보는 믿음 위에 확실하게 서 있어야 됩니다. 악마가 믿음을 이길 수 없을 때, 악마는 위선이라는 위장막을 가지고 다가오며, 그것을 사람에게 거부할 수 없을 정도로 강하게 강요하는 법입니다(츠빙글리, 『츠

츠빙글리는 위선의 일환인 수도복, 종교적인 여러 상징물, 삭발 관습을 일종의 가면으로 정죄하며 폐지되어야 한다고 주장한다. 예수님께서 경건한 체하는 바리새인과 서기관들의 외형과 상징들을 "나쁜 것"으로 비판하셨기 때문이다(마 23:5-7). 이에 해당되는 것들이 사제복장, 십자가 상징물, 성가대 가운, 삭발이다. 이에 반대하여 사람들은 성직자들이 어떤 형태로든지 일반 교인들과는 구별이 되어야 한다고 말한다. 츠빙글리는 바로 이러한 마음이 위선이라고 말한다. 예수님께서 가르쳐 주신 대로 위대해지는 방법은 서로를 섬기는 사랑과 겸손이다(요 13:35).

> 하나님은 경건함을 겉으로 보는 것이 아니라, 속마음으로 봅니다. 그러나 이미 당신들은 사제 옷과 종교적인 표시를 가지고 하나님이 사람들의 마음을 전혀 볼 필요가 없도록 만들고 있습니다. 다시 말하면 하나님은 이미 당신들이 입은 옷으로 당신들이 누구인가를 정확히 알고 있습니다. 당신들은 가면 쓴 사람들이고 위선자들입니다(츠빙글리, 『츠빙글리 저작 선집 2』, 311).

27조는 같은 맥락에서 수도원 폐지를 주장한다. 하나님을 아버지로 모신 모든 그리스도인은 형제요 자매일 뿐이라고 말한다. 그러기에 이 세상에 사는 형제자매들을 함부로 아버지로 불러서는 안 된다(마 23:9).

그렇다고 육신의 아버지를 부르지 말라는 것은 아니다. 츠빙글리가 말하는 아버지란, 한 예로 수도원장을 아빠(Abba)로 부르는 것이다. 물론 신부와 교황도 이에 속한다. 츠빙글리는 신실한 그리스도인들에게 "이제 이단 같은 수도회를 떠나십시오", "수도복을 벗어 버려야 합니다"라고 말하며 수도원의 폐지를 강력하게 주장하였다. 수도회에 입회하는 것을 "매우 끔찍한 결정"으로서 불의, 죄, 위선, 속임수와 사기로 규정하며, 차라리 "단순한 그리스도인"이 되어 "모든 그리스도교 공동체에서 평등한 위치로" 있을 것을 주문한다.

> 그리스도는 사람들이 서로 간에 하나님이라고 가르치는 것을 원하지 않을 뿐 아니라, 사람들이 우리를 아버지라고 과장해서 부르는 것도 원하지 않습니다. 왜냐하면 하늘 아버지가 우리의 유일한 아버지이기 때문입니다. … 따라서 스스로 교만하게 자신을 아버지라고 불리는 것을 즐기는 자들과 그런 자들을 아버지라고 부르는 자들은 모두 하나님을 해치는 사람들이며, 그리스도의 영광과 질서를 깨는 사람들입니다(츠빙글리, 『츠빙글리 저작 선집 2』, 315).

질문

1. 츠빙글리는 위선을 어떻게 정의하는가?

2. 츠빙글리가 말하는 '단순한 그리스도인'은 누구인가?

020
성욕과 결혼

28조에서 1524년에 공개적으로 결혼했던 츠빙글리는 모든 사람에게 부여된 결혼의 권리를 주장한다. 그 근거는 "하나님이 허락했거나 금지하지 않은 모든 것은 정당"하다는 것이다. 하나님은 결혼을 금하시지 않았으며, 오히려 결혼할 것을 권하시는데, 하나님은 세상을 창조하실 때, 아담에게 돕는 배필, 여성을 주셨기 때문이다. 이는 "아담 이후 모든 남성들은 여성의 도움이 필요하다"는 것이다(창 1:28).

츠빙글리와 그의 아내 안나 라인하르트

29조는 인간의 성욕과 결혼을 다룬다. 츠빙글리는 "순결하게 사는 것은 하나님의 선물"이지만, "하나님이 그렇게 살도록 한 사람들만이 가능한 것"이라고 말한다. 여기에 해당하는 사람이 고자인데, 그들은 하나님에게서 그런 능력을 받은 사람들이다. 하나님은 일반인들에게는 성적 욕망을 허락하셨다. 성적 욕망을 제어할 수 없는 사람은 마땅히 결혼해야 한다. "하나님은 우리가 성욕을 절제하면서 사는 것을 원치 않는다." 문제는 성적 욕망을 절제로 위장하는 사람들인데, 만약 그들이 결혼하지 않는다면, 그들은 죄를 짓게 된다. 마태복음 19:4-6을 근거로 츠빙글리는 결혼에 관한 두 가지 입장을 밝힌다. 하나, 하나님께서 남자와 여자로 창조하셨다는 사실에서 독신의 삶을 강요할 수 없다. 둘, 결혼 제도는 하나님께서 세우신 것이기에 금해서는 안 된다. 위선자들이 성적 절제를 가르치고 있는데, 그들은 "바로 악마 자체"이다. 그러기에 악마야말로 결혼을 최초로 금지했는데, 이는 최초로 결혼 제도를 세우신 하나님을 대적하는 것이다. 마태복음 19:10-12에 따르면 결혼 제도는 성직자, 수도사, 수녀를 막론하고 모든 사람에게 해당된다. 심한 욕정으로 절제할 수 없으면 결혼하는 것이 좋다. 그렇지 않으면 결국 죄를 짓게 된다. "결혼은 욕정을 위한 하나의 도움이자 치료약"이다. 디모데전서 3:4와 디도서 1:5-6을 통해서도 츠빙글리는 당시의 상황을 예로 들며 결혼에 대한 입장을 밝힌다. 목사는 마땅히 한 아내의 남편이 되어야 함에도, 사제들이 성욕을 제어하지 못한 채 남녀 관계로 얻어진 많은 아이들이 "공동체 안에서 인정받지 못한 사람들로" 살아가는 것을 츠빙글리는 안타까워한다. 만약 이러한 현실을 무시하고 "어리석은 사제가 이에 이의를 제기할 경우" 그는 마땅히 "자신의 아이들과 함께 추방당할 것"이다.

> 하나님이 사람에게 사라져 버릴 순수한 몸을 주었는데, 남성
> 이 여성 없이 살 수 없다면, 그것은 좋은 것이라는 말입니다.
> 그러나 남성이 여성과 성적인 접촉을 원한다면, 그는 이리저
> 리 매매춘하는 여성을 찾아다니지 말고, 자신만의 여성과 결
> 혼해야 합니다. 여기서 바울은 '모든 사람'이라고 말합니다.
> 성직자나 어떤 남성도 예외로 두지 않습니다(츠빙글리, 『츠빙글
> 리 저작 선집 2』, 326).

츠빙글리는 당시 독신 성직자들의 공공연한 매매춘 행위를 들추었는데, 로마 교회가 그러한 사실을 목격하면서도 성직자들의 결혼을 금하는 것을 이해할 수 없었다. 특히 당시 성직자들이 어쩔 수 없이 독신을 유지하고 있는 이유를 두 가지로 제시한다. 하나, 힘 있는 성직자들이 경제적 이익을 추구하기 때문이다. 둘, 주교들의 분노가 두려워 자신들의 진실을 숨기고 있다.[10]

결혼을 원하는 성직자들은 인간쓰레기 같은 존재가 아니고,

---

10 츠빙글리는 1523년 이 글을 쓴 다음해 1524년 40세의 나이로, 독일의 종교개혁자 루터는 1년
후 1525년 42세의 나이로 당시의 많은 비난을 감수하면서 결혼하였다. 이는 그들의 종교개혁 신
학과 정신을 몸으로 보여 준 실례라 할 것이다.

귀한 그리스도인들입니다. … 쓰레기 같은 존재는 성관계를 포기하지 않으면서, 동시에 결혼을 하지 않으려는 사람들입니다. 결혼 생활을 선택하려는 사람들은 오히려 건전한 사람들입니다(츠빙글리, 『츠빙글리 저작 선집 2』, 329).

질문

1. 츠빙글리가 결혼을 정당하다고 권하는 이유는 무엇인가?

2. 츠빙글리가 말하는 성욕과 결혼의 상관성은 무엇인가?

021
서원하지 말라

30조는 "너무나 어리석게 약속하는" 순결 서원을 말한다. 성적 순결은 인간에게 달린 것이 아니라, 하나님께 달린 것이다. 하나님께서 그렇게 만드시지 않은 사람이 순결 서원을 하는 것은 어리석고 바보 같은 짓이다. 순결 서원은 맹세할 수 없는 것을 맹세하는 무모한 짓이다. 순결 서약을 받는 수도원장은 나쁜 죄를 짓는데, 최소한 자신들의 경험을 통해서 그러한 서약을 지킬 수 없다는 사실을 알기 때문이다. 그러한 자들이야말로 뻔히 알면서도 경고보다는 "마치 양심이 죽은 마부들"처럼 잘못된 길로 이끄는 자들이다. 그들은 "자신은 과거에 고통스런 갈등이나 유혹이 전혀 없었던 것처럼, 거짓말이나 위선적인 태도"를 취한다. 그렇다고 츠빙글리는 성적 욕망으로부터 자유롭게 된 사람들이 결코 없지 않다고 말하는데, 그것 역시 하나님의 은혜라고 말한다.

가장 위선적인 사람들만이 결혼의 귀중함과 그것에 대한 그리스도교의 가르침에 반대하여 개처럼 크게 짖고 있는 상황

입니다. 하나님의 말씀을 잘 배운 사람은 모든 위선적인 행동

을 내려놓게 됩니다(츠빙글리, 『츠빙글리 저작 선집 2』, 331).

특히 츠빙글리는 예수 그리스도께서 하나님과 영원히 화해할 수 있

는 유일한 희생 제물로 바쳐진 이후 하나님께 하는 약속인 서원은 "완

전히 폐기"되었다고 본다. 서원은 "오직 희생 제물과 관계된 것"으로,

수도원 서원은 성경적 근거를 찾을 수 없다. 츠빙글리는 수도원의 세

가지 서원인 순명, 순결, 가난을 "위선과 우상 숭배"로, 수도복과 그들

이 지니는 여러 형상을 "오물"로 정죄한다. 순명은 "오직 하나님에게

순종하라"는 말로서 사람을 대상으로 하는 것은 아니다. 그러기에 수

도원에서 강요하는 순명은 인간적인 순종으로 "하나의 위선이고 새빨

간 거짓이고 동시에 하나님의 계명을 어긴 것"이다. 츠빙글리는 가난

으로 하나님을 칭송하는 가난 서원을 우상 숭배로 정죄한다. 알고 보

면 재물이 그들에게 하나님이기 때문이다. 인간으로부터 나온 업적이

나 행위를 선한 것이라 말할 수 없다. 단지 하나님께로부터 온 것만 선

하다.

순결 서원은 하나님께서 허락하신 것을 인간의 의지로 지키지 않은

행위로 역시 우상 숭배이다. 츠빙글리에게 서원은 하나님의 은혜를 망

각한 채 제시되는 공로 사상으로 구원을 알지 못하는 무지로부터 나온

다. 한마디로 불신앙에서 서원이 나오고, 서원을 통해 구원에 이르려

하기에 결국 서원은 그리스도를 대적하는 죄다. 믿음은 오직 하나님의

은혜를 의지하지만, 서원은 인간의 능력에 기대기에, 츠빙글리는 서원을 우상 숭배라 부른다.

> 우리는 하나님이 명령한 것을 해야 합니다. 그것은 그분이 그렇게 말씀했기 때문입니다. 우리가 맹세하거나 약속할 때, 보다 좋은 것을 지킬 수 있다고 믿는다면, 하나님 계명보다 우리 자신을 더 믿는 것이고, 하나님 말씀보다 우리 자신의 말을 더 믿는 것이고, 전능한 하나님의 능력보다 우리 자신의 능력을 더 믿는 것입니다. 이러한 모든 것들이 다름 아닌 우상 숭배입니다. … 우리는 십자가를 지고 오직 예수만을 좇는 것입니다. 따라서 서원하는 행위는 하나님 앞에서 뻔뻔하게 교만 떠는 행동이고, 하나님을 조롱하고 무시하는 행동입니다(츠빙글리, 『츠빙글리 저작 선집 2』, 334-335).

질문

1. 츠빙글리에게 하나님께 하는 서원은 여전히 유효한가?

2. 가난 서원을 츠빙글리는 어떻게 생각하는가?

출교, 교회 공동체의 권한

31조는 교회 공동체가 그리스도의 의지와 뜻을 잘 살펴 영적 감독자인 목회자와 더불어 선고해야 하는 출교 명령(Kirchenbann : 파문)을 말한다. 특히 츠빙글리는 당시 일반적으로 행해지는 힘 있는 한 개인 주교, 수도원장, 교황이 행하는 출교를 인정하지 않는다. 츠빙글리에게 출교 명령은 교회 공동체의 권리이며 매우 신중히 행해져야 하다. 이유를 몇 가지로 제시한다.

하나, 성경은 신앙 공동체 교회와 이스라엘에게 그 권위를 부여한다. 둘, 교회 책벌의 대상은 죄 지은 사람에게 해당된다. 그러나 공개적으로 피해를 주지 않은 죄와 관련해서는 회개하고 용서할 것을 요청한다. 빚을 진 사람에게 교회는 그 죗값을 물을 수 없는데, 빚은 죄가 아니기 때문이다. 셋, 출교는 공개적으로 물의를 일으킨 경우에 해당된다. 넷, 은밀한 죄를 지은 출교 대상자에게는 은밀하게 권면하는 것이 옳다. 다섯, 공적으로 물의를 일으킨 사람이 교회의 경고를 거부한 경우에 그를 교회의 공개 재판정에 세워 출교할 수 있다.

> 어떤 개인도 출교를 명할 수 없습니다. 단지 그 사람이 먼저
> 교회의 경고를 거부했을 경우에, 자신이 출석하는 교회 공동
> 체 이외에는 아무도 그에게 출교를 명령할 수 없습니다. 교회
> 공동체가 재판장이고 감독관입니다. 이제 분명한 것은 어떤
> 한 사람에게 출교를 명령하는 것은 개인의 권한이 아니라, 오
> 직 개 교회 공동체의 권한에 속한 것이고, 교회는 문제를 일
> 으킨 사람에게 출교를 명령한다는 사실입니다(츠빙글리, 『츠빙
> 글리 저작 선집 2』, 345, 348).

츠빙글리는 바울 서신을 근거로 출교를 가르친다. 첫째, 교회 공동
체에 공공연하게 알려진 죄를 범한 사람은 공적으로 출교할 수 있다.
둘째, 출교는 개개인에게 주어진 권한이 아니고, 교회 공동체에 속한
권한이다. 셋째, 아무리 공공연한 죄를 지었을지라도 회개할 경우 구
원을 받는다. 넷째, 개인의 죄악은 누룩처럼 공동체에 번져 다른 사람
을 타락에 빠뜨린다는 사실을 기억해야 한다. 다섯째, 성적 죄, 도둑
질, 우상 숭배 등은 출교를 통해서 처벌해야 한다. 여섯째, 교회 공동
체는 출교당한 사람일지라도 회개한다면 출교를 해제하여 다시 받아
들여야 한다.

32조는 출교를 오용하는 자들을 경고한다. 범죄자를 하나님의 눈으

로 바라보고 불쌍하고 힘없는 양을 잡는 도구로 출교를 오용해서는 안 된다. 하나님께서 용서 못하실 죄인들은 없다. 그러나 현실에는 억울하게 출교를 당한 사람들이 있다. 출교는 범죄자를 전체 교회 공동체 앞에 세워 모욕을 주는 것이기에 오용할 경우 악하고 잔인한 것이다. 세상 법정도 범죄자에게 공개적으로 창피를 주는 일을 삼가고 있다. 한 예로, 가난 때문에 가난한 자들에게 출교 명령을 내리는데, 이는 매우 잔인할 뿐 아니라, 절망을 주는 악한 관습이다. 교회가 출교를 굳이 해야 할 때는 눈감을 수 없는 공개적인 범죄일 경우이다. 요한계시록 2:27을 따라 교회는 출교, 곧 철 채찍을 사용할 수 있어야 하는데, 몸은 망가질지라도 죄로부터 형제를 영적으로 치유하고 살리기 위해서이다.

질문

1. 당시의 교회 파문을 츠빙글리는 어떻게 비판하는가?

2. 성경이 가르치는 출교(파문)은 어떠한가?

불로 소득에 관하여

33조는 중세 교회가 탈취한 재산, 불의한 재산을 언급한다. 빼앗은 재산이 원소유자에게 돌아갈 수 없는 경우, 교회, 수도원, 사제, 수사, 수녀의 몫이 되어서는 안 되고, 가난한 사람들에게 가야 타당하다(눅 16:9). 여기서 말하는 불의한 재산이란 강도짓이나 도둑질로 남의 재산을 빼앗거나 그렇게 해서 교회에 헌금되어진 경우를 말하는데, 문제는 원소유자를 찾지 못할 경우이다. "사제들과 바리새인들이 하나님의 자녀들의 것을 달콤한 말로 속여 빼앗아서 … 하나님의 계명을 어기는 것"으로 그럴 경우 성직자들은 "빼앗은 이웃의 재산을 반드시 돌려주어야" 한다. 츠빙글리는 선한 양심으로 살아갈 때에는 부자가 되기 매우 힘들다고 본다. 그리고 불의한 방법으로 형성된 부임을 분명히 알 경우, 그 부를 가난한 자들에게 나누어 주어야 한다. 하나님은 불의한 청지기에게는 진정한 보물인 그리스도의 말씀과 교훈 그리고 그분의 지혜를 맡기시지 않는다.

왜냐하면 당신들이 부정하게 남의 재화를 자기 것으로 만들면, 당신들은 진리의 재화도 왜곡하거나 오용할 것이기 때문입니다. 따라서 '여러분의 몫'이란 다름이 아니라 원래 모든 사람이 태어날 때부터 가지고 태어난 것으로서, 바로 하나님을 진정으로 인식하는 능력이며, 하나님만을 가장 귀한 재화로 인정하는 능력을 말합니다(츠빙글리, 『츠빙글리 저작 선집 2』, 361).

츠빙글리는 불의한 재산이 매우 다양한 모습으로 존재한다고 본다. 투기 등 불로 소득으로 얻어진 재산도 불의한 재산이다. 돈 장사를 통해 얻어진 재화도 여기에 해당되는데, 그들은 물가를 크게 올리기 때문이다. 정당하지 못한 돈은 가난한 사람들에게 돌려주어야 한다. 이와 관련하여 성경적 근거를 찾을 수 없을 때에는, 츠빙글리는 자연법에 의존하여 입장을 제시한다.

사람들이 불의한 재화의 한 부분을 하나님께 바치면서 정당한 재화로 만들려는 시도를 한다면, 그러한 시도는 불의한 재물을 바쳐서 하나님을 침묵하게 만들기 위한 것이거나, 하나님을 동일 범죄자로 만들려는 것입니다(츠빙글리, 『츠빙글리 저작 선집 2』, 363).

질문

1. 불의하게 형성된 재산을 교회는 어떻게 처리해야 하는가?

2. 츠빙글리가 불의한 재산으로 보는 것들을 무엇이고, 그 이유는 무엇
인가?

목사와 세금

34조는 성직자들의 권력을 다룬다. 교회의 권력과 관련한 근거를 그리스도의 가르침에서는 전혀 찾을 수 없다. 교회의 권력이란 영적인 일들을 결정하며, 세상을 다스릴 권한이다. 교회가 가져야 할 것은 세상 권세가 아니라, 어린아이와 같은 겸손이다. 하늘나라에서 큰 자는 어린아이처럼 자기를 낮추는 자이다. 마음과 행위에서 가장 겸손한 사람, 남을 가장 잘 돕는 사람, 가장 성실하고 가장 순수한 사람이 하늘나라에서 가장 큰 자이다(마 18:4). 구체적으로 교황들과 주교들이 교회의 가장 높은 자리에 있다는 말은 성경적 근거가 전혀 없다. 더 나아가 그들이 이기적 탐욕에서 돌이키지 않는다면 하나님의 나라에 들어갈 수 없다. 베드로전서 5장은 장로들에게 지배하려 하지 말고, 서로 복종하여 양 떼들의 모범이 될 것을, 그리고 겸손의 옷을 입을 것을 당부한다. 성직자는 양 떼를 지배하려 하거나 그들 위에 군림하지 말고 그들을 돌보고 섬기는 자가 되어야 한다.

목사들은 그 어떤 세상의 권력을 가지면 안 된다. 만약 목사들이 세상 권력을 가지려 한다면, 목사직을 포기해야만 한다. 동시에 두 직을 다 수행할 수 없다. 만약 성직자가 권력을 가진 자로서 재산과 권력을 오용할 때, 하나님을 욕되게 하기 때문이다. 35조는 성직자들의 세금 면제를 "바로 매우 심한 폭력"으로 규정하는데, 함께 살아가는 공동체에 손해를 끼치는 행동이기 때문이다. 목사들도 함께 살아가는 이웃들처럼 세금의 의무를 이행해야 한다.

> 그리스도의 가르침에 의하면, 이 세상 어느 누구도 공권력으로 인해서 단순한 사람들과 함께 져야만 하는 의무나 일에서 자유로울 수 없습니다. 만약 어떤 정치권력이 하나 또는 다른 세금을 면제받는다면, 그것은 공동체 전체가 피해를 받지 않고 이루어질 수 없습니다. 이러한 예외 규정들이 시간이 지남에 따라서 어떤 결과를 가져올지에 대해서 우리 모두는 충분히 예측할 수 있습니다(츠빙글리, 『츠빙글리 저작 선집 2』, 371).

36조는 세상 법정에 성직자들이 관여할 수 없음을 분명히 한다. 다르게 말하면 성직자의 재판권 행사는 명백하게 금지되어 있다. 성직자들은 재판관이 되어서는 안 되고, 정의로운 재판이 이루어지도록 가르쳐야 한다. 예수 그리스도 역시 어려움에 처한 사람들을 받아 주며 위로하고 도와주었지만, 재판관 노릇을 하시지는 않았다(눅 12:13–14). 그렇다면 그를 따르는 종들도 같아야 한다. 성직자들이 국가 권력과 대

립각을 세우는 모습은 하나님의 뜻이 아님을 분명히 한다. 세상 권력자들이 그리스도인일 경우에는 그들의 판결이나 다스림을 기꺼이 받아들여야 함을 기억해야 한다. 문제는 그들이 거짓된 그리스도인들일 경우인데, 더욱 악할 수 있기 때문이다.

37조는 그리스도인과 세상 권세의 관계를 다룬다. 사람은 누구나 위에 있는 권세에 복종해야 한다. 모든 권세는 하나님께로부터 왔기 때문이다. 그러기에 그리스도인은 왕들과 높은 지위에 있는 다스리는 자들을 위해 기도해야 한다(딤전 2:1-2). 그리스도인의 기도는 불신 권력자들에게도 예외로 하지 않는다. 이는 믿는 자들이 평화롭고 조용한 생활을 하기 위함이다. 이런 맥락에서 츠빙글리는 취리히 시민들의 평화를 위한 기도를 강조한다. 이 대목에서 츠빙글리는 당시 교회 세력과 세상 권세 사이에서의 자신의 경험을 털어놓는다.

질문

1. 교회는 세상 권세를 가질 수 있는가?

2. 교회가 정치 지도자를 위해 가져야 할 태도는 무엇인가?

025
바른 통치자

38조는 세상 통치자의 폭정을 말한다. 츠빙글리가 여기서 말하는 폭군은 교황청과 그를 지지하며 불법을 자행하는 권력자들이다.

> 만약 권력자가 그리스도인이 아니며, 하나님의 뜻에 반대되는 것을 명령할 경우에, 우리 그리스도인들은 하나의 기준을 가지고 있습니다. 그것은 사람보다 하나님에게 더 복종하는 것입니다(행 5:20). 그러나 특별히 그리스도를 믿는 영주들은 하나님의 뜻에 반대되는 것을 명령해서는 안 됩니다(츠빙글리, 『츠빙글리 저작 선집 2』, 384).

특히 "적그리스도적인 교황 추종자들"인 세상 권력자들이 루터의 종교개혁에 반대하여 취한 행동을 폭정으로 규정한다. 아무리 바르게 그리스도의 복음을 전할지라도 그들은 "루터의 복음" 또는 "루터파"라 비난하면서 모든 힘을 다해 박해하고 있다는 것이다. 물론 츠빙글리는 자신이 전한 그리스도의 가르침을 "루터의 복음"으로 불리는 것을 기꺼워하지는 않았다. 츠빙글리는 죽음을 각오하고서라도 "폭군의 미친 짓"을 "그리스도의 담대한 용사들이 … 세상의 악과 폭력을 … 몸으로" 막아야 한다고 주장한다(딤후 2:3). 당시 로마 교회에 반기를 들고, 로마 교회를 추종하는 영주들의 반대편에 서야만 했던 츠빙글리는 자신에게 닥친 위험이 죽음의 문턱까지 가까이 왔음을 모르지 않았다.

39조는 악한 군주들이 불법을 자행할 때, 그리스도인들은 사람보다 하나님께 순종해야 한다고 주장한다(행 5:29). 그리스도인 군주들은 하나님의 뜻을 따르는 법의 통치자가 되어야 마땅하다. 그렇지 않을 경우 백성들은 폭동을 일으키게 된다. 정의로운 군주들 자신이 하나님의 뜻에 맞게 통치하는지를 두 가지로 확인할 수 있다. 첫째, 하나님의 말씀과 규율을 따라 가감하지 않고 함부로 판단하지 않는지. 둘째, 성령으로 사람의 마음에 심겨진 자연법을 따라 모두를 형제자매로 여기며 서로를 섬기는지. 문제는 사람들이 망가진 자연 속에 살면서 "절반의 정의"를 실천할 뿐이라는 사실이다. 그러기에 통치자는 악을 쳐부수며, 탐욕을 저지르고 있는 자들을 응징하기 위해 존재해야 한다(딤전 1:8-11). 권력자는 '하나님 앞에 서 있는 악인'으로서 최악을 막기 위해 존재한다. 세상에서는 순수한 정의가 있을 수 없기에, 재판관은 본질적 선을 추구하는 자여야 하고, 이웃 사랑의 자연법을 따라 판단하려 노력해야 한다. 재판관은 이기적 동기를 가져서는 안 되고, 하나님의 뜻을 마땅히 따라야 한다. 진정한 통치자는 백성들이 정의로운 하나님을 이해할 수 있도록 이끌어야 한다. 츠빙글리는 복음의 원리에 따라 다스려지는 기독교 국가를 가장 이상적인 국가로 제시한다.

> 복음이 자기 나라 국민에게 선포되는 것을 원하지 않는 권력자는 폭군입니다. 그들은 자기 국민이 눈을 뜨는 것을 무서워하고 참지 못합니다. 그것은 그들이 교만하고 이기적이고 악한 불량배들이기 때문입니다. … 그러나 그리스도의 교훈보다 정의롭고 평화를 원하는 국가를 더 잘 도와줄 수 있는 가르침은 이 세상에 아무것도 없습니다. 권력자들은 그리스도의 가르침을 통해서 더 현명해지고 영적인 사람들이 되며, 모든 것을 정의롭게 판단할 수 있습니다. 국민들도 선한 것과 평화로운 것을 더욱더 열망하게 됩니다(츠빙글리, 『츠빙글리 저작 선집 2』, 395-396).

츠빙글리는 통치자가 걸어가야 할 길을 몇 가지로 제시한다. 첫째, 하나님의 말씀에서 인간의 정의를 찾는다. 둘째, 인간의 법을 하나님의 말씀에 상응하는 법으로 만든다. 셋째, 자신을 그 정당한 법에 따라 악한 자를 처벌하는 자로 인식한다. 넷째, 믿는 자들을 형제처럼 대하며, 불의에서 보호한다. 다섯째, 잘못된 믿음과 교만에 빠지지 않도록 그들의 영혼을 돌본다(히 13:17, 벧전 5:1-3). 성직자와 통치자의 업무에 대한 츠빙글리의 이해에는 공통점이 있다. 로마서 13:3-4를 인용하며, 츠빙글리는 통치자를 "하나님의 일꾼"으로서 "하나님의 진노를 집

행하는 사람"으로 일컫는다.

40조는 사형 선고를 다룬다. 권력자는 오직 법에 근거하여 사형 선고를 내릴 수 있지만, 사사로운 감정을 따라 사람을 죽인다면 폭력 살인자가 된다. 이는 하나님의 법(출 3:20)에 위반되는 악행이다. 그 누구도 법적 근거 없이 사람을 죽일 수 없으며, 죽여서도 안 된다. 하나님은 죄인들이 회개하고 돌아오기를 바라시지만, 그럴 희망이 없다면, 공적 분노를 일으킨 악한 사람을 격리시켜야 하는데, 이럴 경우 법에 근거하여 공적으로 죽일 수 있다. 이렇게 하여 공동체가 사라지는 것보다 한 지체가 사라지는 것이 더 낫다는 것이다.

질문

1. 악한 정치 지도자를 향한 그리스도인의 태도는 무엇인가?

2. 정치 지도자가 걸어야 할 길은 어떠한가?

지도자와 공공선

칼을 찬(롬 13:4) 권력자는 정직해야 하며, 백성들을 보호하고, 돌보며, 도움을 주어야 한다(41조). 한 예로 소크라테스처럼 그는 공공선을 추구하는 모범된 자이어야 한다. 백성들은 그 권력자에게 물질적으로 보상해야 한다. 그렇지만 많은 부를 소유한 권력자는 자신의 부로 사는 것이 정의롭다. 권력자는 세금을 거둘 때, 일반 정의에 맞는 기준을 따라야 한다. 로마서 13:5-7에 따라, 백성은 마땅히 의무를 다해야 하며, 두려워해야 할 이를 두려워하고, 존경해야 할 이를 존경해야 한다. 이런 맥락에서 츠빙글리는 공권력을 가진 사람들을 "영적 직분을 행하는 사람들"과 같다고 본다.

츠빙글리는 부의 분배를 언급하는데, 부를 소유한 자의 자발적인 행위에 근거하여 나눌 때, 기쁜 나눔만이 하나님의 뜻이라고 말한다. 하나님은 부유한 자들에게 무조건 남에게 주라고 강요하시지 않고, 그들 스스로가 결정할 일이라고 말씀하신다. 이에 반대되는 강요나 빼앗는 행동은 하나님의 계명을 어기는 것으로 도둑질과 다름없는 것이다.

> 하나님은 재산의 소유자들에게 무조건 남에게 주라고 강요
> 하지 않고, 그들 스스로 결정하라고 하십니다. 따라서 당신
> 도 재화 소유자들에게 그렇게 강요할 수 없고 그의 것을 빼앗
> 을 수 없습니다. 당신이 그것과 반대로 행동한다면, 당신은
> '도둑질 말라!'는 하나님의 계명을 어긴 것입니다. 하나님이
> 우리가 가진 모든 것을 기쁘게 함께 내놓고 살라고 깨닫게 해
> 줄 경우에, 우리는 초대 교회 사람들처럼 서로의 것을 구별하
> 지 않고 공동으로 나누면서 함께 살게 될 것입니다(츠빙글리,
> 『츠빙글리 저작 선집 2』, 402).

이에 반대되는 행위, 즉 공동의 소유를 주장하는 자는 "모래 구덩이
에 또는 채석장에 묶어 놓고 강제 노동을 시키거나 시범적으로 사형시
켜야" 할 자로 규정하며 그와 같은 행위를 강하게 금한다. 츠빙글리는
"당신의 자유 의지를 핑계로 실수하지 마십시오!"라고 경고한다(츠빙글
리,『츠빙글리 저작 선집 2』, 402).

질문

1. 츠빙글리는 공권력을 가진 자들을 어느 수준으로 이해하는가?

2. 부자들에게 가난한 이웃들에게 부를 나눠 주라고 강요할 수 있는가?

　　　　　　　　　　　　　　　　　　026 · 지도자와 공공선

폭군을 제거하라

처음 시작하는 루터와 츠빙글리

츠빙글리는 "마치 8월에 기승을 부리는 수많은 벼룩들과 같은" 악한 군주들을 향한 분명한 경고를 잊지 않는다. 츠빙글리는 그들을 "강도 짓을 하고 사기를 치고 심지어 도둑질을 하고 사람을 죽이고", "국민의 동의도 없이 자기 멋대로 국민들에게 세금을 부과"하면서, "엄청난 사치와 놀이, 술잔치와 매매춘, 난장판 연회와 전쟁과 엄청난 옷값과 인건비, 또한 비싼 외국 풍속의 도입 비용과 사치스런 보석 구입 비용 등으로 국민 세금을" 낭비하는 자들이라며 비난한다. 츠빙글리는 당시 권력자들이 "단지 돈 긁어모으는 자와 사기꾼과 착취자"라고, 그리고 "셀 수 없는 불의로" 완전히 망가졌음을 고발하며 질타한다. 부를 소유한 자는 자진하여 나누어야 하지만, 그로 하여금 강제로 나누도록 한다거나 그에게서 빼앗는 것도 정의롭지 않다. 츠빙글리는 자원하는 마음으로 나눔으로 우리 서로가 형제자매가 되도록 하는 정의로운 분배가 이루어지길 바란다.

불의한 권력자인 폭군을 하나님의 뜻에 따라 제거할 수 있다고 말한다(42조). 츠빙글리에게 통치자는 백성의 손에 따라 선출되어야 한다. 한 예로, 왕의 아들이라는 이유로 통치자가 되는 것은 매우 위험하다. 그가 폭군, 바보 또는 어린이라면, 어떻게 그를 국가의 주인으로 인정할 수 있겠는가! 권력자는 공의로 백성을 다스려야 하고, 그 스스로도 바른 삶을 보여 주어야 한다. 츠빙글리는 구약을 예로 들며, 교만한 통치자를 그대로 둔다면 모든 백성이 그와 함께 하나님의 심판을 받게 된다고 말한다. 잘못된 권력자를 제거하는 일은 츠빙글리에게 그렇게 어려운 일이 아니다. 그 방법은 폭력이 아니라 "완전히 다른 방법"인데, 평화로운 선거이다. 폭군을 만났을 때, 사람들은 먼저 사실을 모든 백성에게 알려야 하고, 그런 후 모든 백성이 한마음으로 폭군을 제거해야 한다. 폭군이 무력으로 이를 제압하려 할 경우에는 정의를 위해 죽음을 각오해야 한다. 이와 반대되는 행동으로 악한 통치자를 눈감아 줄 경우에는 하나님의 심판을 각오해야 한다. 이처럼 악한 군주를 향한 츠빙글리의 태도는 16세기의 상황에서 볼 때 앞선 것이며 민주적이라 평가할 수 있는데, 이러한 자세는 성경에 근거한다. 역사적으로 볼 때, 취리히의 종교개혁이 백성의 뜻과는 달리 통치자들의 반대로 저지될 경우를 염두에 둔 츠빙글리의 각오를 보여 준다 할 것이다. 어쨌든 츠빙글리가 바로 이 대목에서 복음에 입각하여 강조하는 바는 정의, 평화 그리고 기쁨이다(롬 14:17). 폭군을 백성이 한마음으로 제거하는 것이 하나님의 뜻이다.

그러나 만약 당신이 어려운 길을 가려고 하지 않거나 그러한
모험을 하려고 하지 않는다면, 그 폭압적인 독재자를 눈감아
주십시오. 그리고 종말에 그 자와 함께 벌을 받으십시오. 하
나님의 심판은 언제나 어디서나 가까이 있습니다. … 만약 현
재 왕위 계승자가 폭군이라면, 개인이 그를 폐위시켜서는 안
됩니다. 왜냐하면 그것은 폭동을 유발시키기 때문입니다. …
하지만 국민 전체가 그 폭군을 일치해서 제거했다면, 그것은
하나님의 뜻대로 이루어지는 것입니다. … 당신이 일치된 의
견을 찾을 수 없다면, 당신은 고통의 굴레를 계속 져야 하며,
결국에는 그 폭군과 함께 하나님의 심판을 받을 것입니다(츠
빙글리, 『츠빙글리 저작 선집 2』, 409-410).

츠빙글리는 구약성경에 입각하여, 어떻게 교황청을 대적하여 싸워
야 할 것인지를 밝힌다(43조). 교회 개혁을 위한 싸움에서 잊지 않아야
할 것은 하나님의 말씀을 따르는 일이다. 츠빙글리는 반석이신 예수
그리스도 위에 굳건히 서서 교황 추종자를 대적하여 바른 교회를 위해
싸울 때, "살든지 죽든지, 하나님은 자신의 말씀으로 항상 승리"하실
것을 확신한다.

하나님 스스로 그 문제를 처리하도록 그분에게 맡기십시오.
하나님은 우리에게 도움과 능력을 줍니다. 그래서 우리는 한
사람이 천 명 또는 이만 명을 쳐부술 수 있습니다(신 32:30, 필

자 사역). 그리스도가 여러분을 이끌어 준 자유 안에 머무르십

시오. 그리고 적그리스도가 주는 종살이의 멍에를 쓰지 마십

시오(갈 5:1).

질문

1. 츠빙글리는 어떻게 잘못된 지도자를 제거하라고 하는가?

2. 교황청 개혁을 위해서 우선적으로 따라할 일은 무엇인가?

028
묵언 기도와 찬양

츠빙글리는 바른 기도와 찬양을 말한다(44-46조). 츠빙글리는 소리 내어 하는 기도와 찬양에 부정적이다. 소리를 내지 않고 하나님께 영과 진리로 하는 기도를 진정한 기도로 이해한다. 구약에서 입술을 움직이지 않고 마음으로 하는 모세와 한나의 기도를 모범으로 제시한다. 츠빙글리에 따르면, 특별한 장소가 아닌 모든 장소에서 성령과 진리로 하나님께 기도해야 한다. 예수님 역시 영과 진리로 드리는 기도를 가르치셨다.

우리는 작은 방으로 가서 문을 닫고, 아무도 모르게 하늘 아버지에게 부르짖어야 합니다. 모든 기도를 공개적으로 하려는 사람들은 그리스도가 비판했던 위선자들과 똑같은 사람들입니다. 그 사람들은 위선자들처럼 그들의 상을 이미 받았습니다. … 자신의 행동을 세상에 보이려는 사람은 위선자들입니다. 따라서 그들의 행동은 바로 위선입니다(츠빙글리, 『츠빙글리 저작 선집 2』, 414).

기도에 대한 입장과 다르지 않게, 소리 내어 부르는 찬양에도 츠빙글리는 부정적이다. 츠빙글리는 "유대인처럼 목소리가 아니라, 작은 방에서 마음으로 하나님께" 부르는 찬양을 주장하며, "시편을 웅얼거리고 외우는 대신에 읽고 해석"하기를 원한다. 찬양에 대한 츠빙글리의 입장은 독특하다 하지 않을 수 없는데, 16세기 당시 교회 찬양대의 웅얼거리거나 빽빽거리는 라틴어 시편 찬송에 대한 부정적 인식에 근거한다. 츠빙글리는 당시 찬양의 문제를 세 가지로 제시한다. 첫째, 한 사람도 이해하지 못한다. 둘째, 찬양대 구성원 본인들도 "노래 부르고 있는 시편의 한 구절도 이해하지 못하고" 있다. 셋째, 성경적 근거를 제시할 수 없다.

츠빙글리는 큰 소리로 부르는 찬양을 오직 보상을 얻기 위한 것으로 평가 절하한다(46조). 그들이 원하는 보상은 명예와 물질이다. 츠빙글리는 그러한 찬양을 미끼로 사람들을 교회로 불러 모으는 일과 비싼 돈을 주고받는 행위를 정죄한다. 기도와 찬양은 그 대상이 하나님이기에 하나님과의 긴밀한 관계 속에서 이루어져야 함을 츠빙글리는 강조한다. 만약 기도와 찬양의 대상이 사람이 되면, 불순한 것이 끼어들기에 이를 엄격히 멀리한다.

경건한 기도란 사랑을 고백하는 청혼자처럼 사람 앞에서 하는 것이 아니라, 조용히 골방에 들어가서 부르짖는 것입니다. 그들은 거기서 하나님과 대화할 수 있습니다. 왜냐하면 그들이 바르게 묵상할 때에는 자신들의 눈과 귀를 다른 곳으로 돌리지 않기 때문입니다. 우리가 큰 소리로 시끄럽게 떠드는 가운데서 기도할 수 있다고 믿는 것은 정말 반이성적인 생각입니다. 그런 곳에서 우리 기도는 말과 마음으로 오래 집중할 수 없을 정도로 짧고 빨리 지나가 버립니다. 그러나 우리가 내면의 깊은 자세와 생각을 가지고 있을 때 기도를 오래할 수 있습니다. 성가대 찬양이 없음을 아쉬워하는 사람들은 어리석은 사람들입니다. 왜냐하면 그들은 지금까지 올바른 기도를 배우지 못했기 때문입니다. 그들이 진정한 기도를 체험했다면, 그들은 사람들이 웅얼거리는 노래 소리로 자신들을 혼란스럽게 만드는 것을 참을 수 없을 것입니다. 또한 성가대 찬양이 없을 경우, 그것을 아쉬워하는 사람들은 어린이 같은 사람들입니다. 자신들이 부르는 노래의 뜻도 모르면서, 노래 부르기와 듣기를 좋아하는 것은 어린이 같은 사람들입니다(츠빙글리, 『츠빙글리 저작 선집 2』, 416).

질문

1. 츠빙글리에게 바른 기도는 무엇인가?

2. 츠빙글리는 어떤 찬송을 부정적으로 보는가?

029

조용한 예배를 드려야

츠빙글리는 16세기 당시 교회 예배 중 행해지던 비단으로 만든 유니폼을 입은 합창, 춤, 율동과 공연 등 예술 행위를 유치한 "어린이 짓"이라고 부르고 아모스 5:23을 인용하며 "집어치워라"고 강하게 도전한다. 이러한 "어린이 짓은 너무나 많은 땀과 노력을 필요로" 하고 있기 때문이다. 츠빙글리는 이러한 모습을 "위선적인 짓거리들", "우상 숭배 행위"로서 "범죄 행위"라 일컫는다. 무엇보다 그들이 하나님의 영광이 아니라, "헛된 명성과 안락함과 물질을 추구하기 때문"이다. 이렇듯 츠빙글리는 "교회에서 들리는 떠들썩한 소리를 금지"한다. "그 대신에 잘 훈련받은 신학자들을 배치해야" 한다. 그들을 통해 하나님의 말씀을 성실하게 알려 주는 일이 요구된다. 한마디로 말해, 츠빙글리는 경건한 설교자의 신실한 말씀 강해가 잔잔히 전달되는 조용한 예배를 원한다.

이제 웅얼거리는 소리여, 안녕! 나는 그 소리를 그리워하지 않을 것입니다. 나에게 좋은 일이 생기지 않으리라는 사실을 잘 알고 있습니다. 이제 진실하고 은밀한 기도가 나타나길 원합니다. 기도는 믿는 사람의 마음에 있는 하나님 말씀에 의해서 드러나게 됩니다. 기도는 짧은 탄식입니다. 사람은 그러한 기도 속에서 자신 스스로를 인식하게 되고, 하나님이 그에게 말하는 것을 듣게 됩니다! 또한 모든 그리스도인들이 서로 말하는 공동의 기도가 나타나길 원합니다. 그것은 공적으로 교회 안에, 또는 작은 방 안에 있습니다(츠빙글리, 『츠빙글리 저작 선집 2』, 418-419).

질문

1. 츠빙글리가 동의할 수 없는 예배는?

2. 츠빙글리가 바른 예배에서 특히 강조하는 바는 무엇인가?

030

목회자여, 결혼하라

　47조는 교회가 어떻게 공분을 일으키는 스캔들을 다룰 것인지를 묻는다. 우선적으로 츠빙글리는 공적 분노를 일으키는 당사자에게 공개적으로 치욕을 주는 것은 비성경적이라 금한다. 무엇보다도 그리스도인들이 남을 정죄하는 교만에 빠져서는 안 되며, 함부로 다른 사람 위에 군림하거나 상대를 무시하는 행동을 해서는 안 되기 때문이다. 문제는 어떻게 그 당사자를 교회 공동체에서 조심스럽게 배제할 것인지이다. 츠빙글리는 교회 안의 스캔들을 세 가지로 정의한다. 첫째, 이웃을 죄로 유인한다. 둘째, 이웃이 뻔뻔하게 죄를 짓게 한다. 셋째, 믿음이 약한 사람들에게 죄가 아닌 것을 죄라고 강요한다. 한 예로 당시 스캔들은 결혼하지 않은 채 성직자들이 내연의 처와 살며 아기를 낳는 일이었다. 이는 큰 죄로 어머니의 자궁에 있을 때부터 아기들에게 치욕을 안겨 주는 일이다. 츠빙글리는 이 문제를 해결하는 방법은 모든 사람이 사제들의 결혼을 정의로운 일로 지지하는 것이라고 말한다. 그럼에도 중세 교회는 사제들의 결혼이 큰 죄라고 오도하며 강요했다.

죄 없는 어린이들은 하나님 자신이 아닌, 하나님의 피조물에 불과한 조롱하는 자들이 만든 불명예를 뒤집어쓰게 되었습니다. 모든 사람들은 정의롭게 사제의 결혼을 지지해야 합니다. 그것은 사람이 하나님의 피조물 위에 오물을 덮어씌우고 경멸하는 큰 죄를 저지르는 것을 극복하기 위한 것입니다(츠빙글리,『츠빙글리 저작 선집 2』, 420).

츠빙글리는 믿음이 약한 자들이 무지함 때문에 죄짓지 않도록 그들을 성숙한 신앙으로 인도하는 일도 교회의 중요한 사명임을 일깨운다(48조). 특히 목회자들은 공분의 대상이 되지 않아야 하는데, 이를 위해 기억해야 할 일들이 있다. 첫째, 목회자들은 죄를 멀리한다. 둘째, 바르게 설교하고 가르친다. 셋째, 사람이 만든 법 때문에 믿음이 약한 자들의 불쌍한 양심이 학대당하지 않도록 한다. 넷째, 오직 하나님의 말씀에 순종하여 정의, 평화 그리고 기쁨이 넘치도록 한다. 다섯째, 하나님의 말씀을 합리적으로 정확하게 이해한다. 여섯째, "가치 없는 인간적 전통의 사슬을 끊는 것을" 두려워하지 않는다. 결론적으로, 목회자들은 복음적 자유를 누리되, 믿음이 약한 자들이 시험에 들지 않도록 그들을 용납하고, 끊임없이 그들을 가르쳐 바른 복음의 진리로 깨워야 한다. 한 예가 성직자들의 결혼과 부부 사이에서의 성관계이다.

49조에서 츠빙글리는 성직자들의 결혼을 금지하는 대신 매매춘을 허용하는 큰 죄를 당시 교회가 범하고 있다고 고발한다. 그러다 보니 매매춘이 온 세상에 뻔뻔하게 사회의 가장 큰 악습으로 자행되고 있다는 것이다. 이는 처벌받을 짓이며, 비난받아야 할 악이다. 츠빙글리는 16세기 성직자들의 "뻔뻔한 매매춘"과 관련하여 그 어떤 근거를 제시하기보다는 "오직" 자신의 주관적 판단에 근거하고 있다고 밝힌다. 어쨌든 이러한 문제를 해결하기 위한 대안으로 츠빙글리는 바울 서신을 근거로 성직자들의 결혼을 적극 주장한다.

> 사제들이 여기저기 몰려다니면서 한 일, 하나님이 잘 알고 있는 일에 대해서 더 이상 말하고 싶지 않습니다. 이러한 사제들이 뻔뻔한 매매춘보다 더 큰 죄를 알지 못합니다. 이 사제들이 다른 모든 악습의 대부가 되었습니다. … 위선자들은 언제나 그렇게 위선으로 가장한 독신의 삶이 위대한 것이라고 수다를 떨었는데, 실제 그것은 단지 비현실적인 어린이 동화에 불과합니다. 우리는 조속히 독신 제도를 금지해야 합니다 (츠빙글리, 『츠빙글리 저작 선집 2』, 426–428).

질문

1. 당시 교회 안에 번져 가는 세 가지 스캔들은 무엇인가?

2. 왜 츠빙글리는 성직자들의 매매춘을 금지하였는가?

사죄권은 우상 숭배

츠빙글리는 교황의 사죄권을 "그리스도의 말씀을 완전히 왜곡"한 것으로 정죄한다(50조). 츠빙글리의 입장은 단순명료한데, 죄는 오직 하나님을 대적하는 것으로, 하나님 외에 그 누구도 사람이 지은 죄를 용서할 수 없다는 것이다. "하나님만이 우리를 인도하고 기르고 돌보고 고치고 구원하는 선이기 때문이다." 하나님의 죄 용서를 다섯 가지로 말한다. 첫째, 하나님은 새롭게 하시는 분이다. 둘째, 하나님은 자신을 위하여 죄를 용서하신다. 셋째, 하나님은 의로운 사람을 자신 앞에 세우기를 기뻐하신다. 넷째, 하나님은 죄가 어떻게 인간을 망가뜨리는지를 보여 주신다. 다섯째, 하나님은 모든 사람이 범죄했음을 보여 주신다.

중세 교회가 마태복음 16:19에 근거하여 사죄권을 주장하는 것은 성경을 오해하거나 곡해했기 때문이다. 이러한 일들은 복음서를 통해 볼 때 예수님과 제자들 사이에서도 빈번히 일어났는데, 그중 대표적인 말씀이 "이 반석 위에 내 교회를 세울 것이다"이다. 츠빙글리는 아우구스티누스의 설교(마 16:18)를 인용하며 교황이 범한 오류를 정정한다. 교회의 기초는 예수 그리스도 외에 다른 기초는 없다. "진정한 바위인 예수 그리스도가 모든 믿는 자들의 기초"이다. 츠빙글리는 그 반석이신 예수 그리스도를 믿는 자들은 굳건한 바위 위에 서게 되고, 베드로처럼 바위와 같은 사람들이 된다고 말한다. 교회 공동체를 바위 되신 그리스도 위에 세운 것이지, 그 어떤 바위 같은 사람 위에 교회를 세운 것은 아니라는 말이다. 츠빙글리는 교부들의 글을 의지하여 베드로에게 주어진 천국의 열쇠를 "해방과 용서와 새로운 세계를 연다"는 상징적 단어로 이해한다. 곧 마태복음 16:17-8은 베드로와 관련된 말씀이지만, 실제로는 예수를 믿는 모든 자에게 주어진 약속이다. 츠빙글리는 그 열쇠를 "순수하고 왜곡되지 않게 복음을 전하는 설교"로 이해한다.

> 그리스도와 그의 사도들은 복음을 선포함으로써 사람들을 죄에서 해방시켰고, 하나님과 화해시켰으며, 닫힌 구원의 문을 다시 열었기 때문입니다(438). 전권을 받은 것은 부활 후에 비로소 일어난 일입니다. 그때 그리스도는 모든 제자들과 우리에게 약속된 열쇠를 주었습니다. 그리스도는 열쇠를 베드로에게만 주지 않았습니다(츠빙글리, 『츠빙글리 저작 선집 2』, 441).

51조는 오직 하나님만이 사람의 죄를 용서하실 수 있는데, 사람이 죄를 용서할 수 있다고 하는 것은 하나님의 영광을 가로채는 우상 숭배라고 정죄한다. 거기다 병 고침의 은사, 곧 기적은 오직 하나님의 사역임을 말한다. 하나님의 사역을 인간의 사역으로 둔갑시키는 것이야말로 하나님을 모욕하는 것이다. 그런 맥락에서 츠빙글리는 고해 성사를 "죄 용서가 아니라, 조언을 구하는 것"(ein ratforschung)으로 이해한다(52조). 츠빙글리는 사제를 찾는 고해 성사를 통해 죄 용서를 확신함으로 내면적으로 강해진다는 주장을 일축하는데, 그 주장은 성경적 근거를 가지고 있지 않기 때문이다. 성경 그 어디에서도 죄 용서를 상징하는 것으로 사제를 찾는 고해 성사를 찾아볼 수 없는데, 이는 그리스도께서 만드신 제도가 아니기 때문이다. 중세 교회가 고해 성사의 근거로 열 명의 한센병자 이야기를 가져오는데, 이는 잘못된 인용으로 그 어떤 것도 증명할 수 없다. 유일하게 사마리아 사람은 주님께로 되돌아갔는데, 주님께서 그의 병을 고쳐 주셨고, 그 주님께 감사하러 갔을 뿐이다.

> 사제를 찾아간다는 것은 다른 것이 아니라, 단지 조언을 구하는 수준입니다. 우리는 고해 성사를 반드시 이렇게 이해해야 합니다. 많은 사람들이 자신들이 한 잘못된 행동으로 양심에 가책을 느끼는데, 그것을 어떻게 용서받을 수 있는지 잘 모릅니다. 그래서 사람들은 말라기 2장 7절에 나오는 말씀처럼 구원의 수단과 도움을 구하려고 사제들에게 갑니다. … 그러나 여기서 사제들은 주의해야 합니다. 그들은 죄인들의 두려

움을 진정시켜 주고 위로해 주며, 단지 상처에 간단한 반창고 정도만 붙여주는 역할을 해야 합니다. 다시 말하면 사제는 그들에게 그리스도 예수를 통해서 완전히 하나님만을 의지하라고 가르쳐야 됩니다(츠빙글리, 『츠빙글리 저작 선집 2』, 457).

질문

1. 츠빙글리는 사죄권을 어떻게 이해하는가?

2. 츠빙글리는 죄 용서를 어떻게 이해하는가?

고해보다 회개 기도를

츠빙글리는 성숙한 성도들이 고해 성사로부터 자유로워져야 한다고 가르친다. 야고보서 5:16을 인용하며 서로 자신의 죄를 고백하고 서로 기도해 주는 관계가 바람직하다고 말한다. 신부에게 하는 고해 성사보다 하나님께 직고하는 세리의 짧은 참회가 훨씬 귀하다. 하루에 한 번 우리의 죄를 깊이 묵상해야 할 것이며, 성경에 나오는 세리처럼 하나님께, "오, 주님, 나는 죄인이로소이다. 내 죄를 용서하소서!"라고 호소함이 훨씬 훌륭하다. 츠빙글리에게 고해 성사는 하나의 조언일 뿐이며, 바람직한 것은 세리처럼 자신의 죄를 인정하며 하나님께 드리는 진심 어린 참회의 기도이다.

츠빙글리는 중세 교회의 다양한 참회 제도를 사람이 정한 것으로 일종의 교회 관습이라고 평가 절하한다(53조). 중세 교회가 죄를 씻는 수단으로 만든 장황한 기도, 성지 순례, 그 어떤 의례 등은 죄 용서를 통한 구원과 관련해서는 전혀 의미가 없다. 죄인들의 구원은 오직 예수 그리스도를 믿음으로 말미암아 이루어지는 것이지, 다른 그 어떤

참회 수단으로도 죄를 없이할 수 없다. 예외적으로 츠빙글리는 고린도
전서 5:1-5에 나오는 출교 제도에는 그 의미를 부여하는데, 출교는 악
한 행위를 중단시키기 때문이다. 츠빙글리에게 참회 제도가 갖는 의미
는 죄를 향한 경고이다. 특히 중세 교회가 고해 성사를 참회 제도로 가
져오면서 돈을 모으는 부정축재의 수단으로 삼았는데, 그들이야말로
"악당들"이라고 츠빙글리는 공격한다.

> 그 악당들은 서로서로 돈을 움켜잡고 싸웁니다. … 비밀스런
> 고해 성사는 하나의 작은 외투입니다. 참회를 듣는 모든 엉터
> 리 사제들은 그 작은 외투를 가지고 그들의 악한 짓들을 숨겨
> 주었습니다. 가장 훌륭한 비밀 고해가 바로 그것입니다(츠빙
> 글리, 『츠빙글리 저작 선집 2』, 465).

츠빙글리는 중세 교회의 참회 제도에 반해 오직 그리스도의 십자가
가 인류의 죄를 사하셨다고 선포한다(54조). 이런 맥락에서 중세 교회
의 참회 제도는 하나님을 모독하는 행위이다. 그 어떤 죄도 없으신 분
만이 인간의 악한 죄를 없애실 수 있다. 세상 죄를 지고 가는 하나님의
어린양(요 1:29)이신 예수 그리스도의 십자가의 상처를 통해 구원이 성
취된다(사 53:4). 그의 죽음이 온 세상을 살린다. 츠빙글리는 그리스도
의 공로를 사람의 공로로 돌리려는 시도인 사제들의 죄 용서는 명백히
잘못이며, 그리스도의 사역과 은혜의 영광을 피조물이 빼앗는 것으로
서 하나님을 모독하는 것이라고 단언한다.

그리스도가 거저 주신 것과 그분에게서 거저 받은 것을 팔아 먹는 것이고, 그것은 게하시(Gehasi)의 행동과 똑같습니다(왕하 5:20-17). 또한 그럴 경우, '거저 받았으니, 거저 주십시오' 라는 그리스도의 말씀을 지키지 않는 것입니다(마 10:8).

질문

1. 츠빙글리는 고해 성사보다 무엇이 더 바람직하다고 말하는가?

2. 츠빙글리가 고해 성사를 반대하는 이유는 무엇인가?

열쇠 권력

츠빙글리는 소위 일컫는 '열쇠 권력'(die Schluesselgewalt)을 오용하는 중세 로마 교회의 특별 사면권을 성경에 근거하여 강력하게 비판한다 (55조). 당시 고위 성직자들은 큰돈을 헌금한 대가로 자신들이 정한 '용서할 수 없는 죄'도 당장에 사했는데, 츠빙글리는 그 행위를 추악한 죄로 정죄한다. 특별 사면은 "셀 수 없을 정도의 어마어마하게 큰돈을"(츠빙글리, 『츠빙글리 저작 선집 2』, 492) 벌어들이기 위한 로마 교황청의 사업으로 "하나님을 모독하는 행동"이며 "하나님의 집 안에서 일어나는 그 혐오스런 일"로, 츠빙글리는 "더 이상 쳐다만 볼 수 없고 참을 수도" 없기에 "공개적으로 알려야"만 했다. 츠빙글리는 마태복음 12:31-32에서 말하는 용서받지 못할 성령 모독죄를 누가복음 12:9-10을 인용하며 하나님을 부인하는 불신앙으로 정의한다. 그런데도 이러한 불신앙을 제외하고 용서받지 못할 죄가 있다고 말하는 것은 "사기"이다. 예수 그리스도를 믿을 때, 모든 죄는 용서함을 받는다. 그러기에 믿음의 확신이 없는 사람이 굳이 사제에게 가야 하는 이유는 올바른 구원의 말씀

253

을 배워 그 진리를 깨닫기 위해서이다.

> 이 불신앙이 성령을 거스르는 죄입니다. 왜냐하면 믿는 것은
> 성령에 의해서 일어나는 일이기 때문입니다. 성령을 통해 인
> 도되지 않는 사람은 믿지 않는 사람입니다. 그는 하나님의 심
> 판 아래에 있게 되고, 그는 부서진 그릇과 같습니다. 하나님
> 은 그런 자에게 자신의 정의를 보여 줍니다. 따라서 불신앙이
> 야말로 사람이 거기에 빠지고 사로잡히면 심판을 받게 될 유
> 일한 죄입니다. … 만약 사람이 하나님의 공로를 인정하지 않
> 고, 그것을 하나님의 원수나 악마에게 돌린다면, 그것이 바
> 로 성령을 모독하는 것입니다. 그리고 그러한 모독적인 행위
> 가 바로 불신앙입니다(츠빙글리, 『츠빙글리 저작 선집 2』, 467-469).

츠빙글리는 당시 교황 추종자들이 돈을 받고 설교하며, 돈을 받지 않고는 죄 용서를 확증하지 않은 행위를 부당 이익을 챙기는 죄로 정죄한다(59조). 그들이 죄 용서를 베풀 수 있다고 생각하는 것은 허상이며, 성령을 돈으로 살 수 있다고 생각하는 것도 불가능한 일이다. 츠빙글리는 이러한 자들을 민수기 22장에 나오는 돈에 눈이 어두워 범죄한 발람과 같으며, 사도행전 8장에 나오는 베드로가 저주한 시몬과 같다고 비판한다. 이들이야말로 바른 길을 버리고 그릇된 길로 간 교황 추종자들이다. 분명한 사실은 참 하나님이며 참 사람인 그리스도를 제외하고는 그 어느 누구도 사람의 죄를 용서할 수 없다는 것이다.

1. 소위 일컫는 '열쇠 권력'은 무엇인가?

2. 누가 인간의 죄를 용서할 수 있는가?

034

연옥은 조작이다

성경은 연옥과 관련하여 아무것도 알지 못한다(57조).[11] 따라서 우리는 연옥을 알지 못한다고 말함이 당연하다. 성경은 사후 천국과 지옥 외에 다른 것을 말하지 않는다. 그러기에 "자의적으로" 연옥과 연관시켜 말하는 것은 조작이다. 곧 "그들은 그렇게 성서에 폭력을 가하고 있습니다"(츠빙글리, 『츠빙글리 저작 선집 2』, 482). 츠빙글리는 교황 추종자들이 주장하는 연옥에 대해 성경해석학적으로 조목조목 반박한다. 첫째, 그들은 마태복음 12:32을 인용하며 오는 세상에서도 죄를 용서받을 수 있다고 하는데, 이는 성령을 거스르는 죄가 이 세상에서나 오는 세상에서도 "결코 용서받을 수 없다"는 말을 오해한 "완전히 바보같은 짓"이다. 둘째, 마태복음 5:25-26을 가져와 "길"을 인생으로, "감옥"을 연옥으로 해석함은 "명백한 오류"이다. 츠빙글리는 이 말씀을 법정 소송을 하지 말 것으로, 고린도전서 6:7을 소송을 제기하지 말고 차

---

11 Die war heilig geschrift weisst ghein fegfuernach disen zyten.

라리 그것을 감수할 것을 권면하는 말씀으로 이해한다. 셋째, 츠빙글리는 마태복음 18:23-35에서 35절 "여러분이 진심으로 자신의 형제자매를 용서해 주지 않으면, 하늘 아버지께서도 여러분에게 그와 같이 하실 것입니다"는 말씀을 결론으로 이해하지만, 당시 교황 추종자들은 진 빚을 모두 갚기 전까지, 하나님께서 연옥에 가두어 놓을 것이라고 해석한다는 것이다. 츠빙글리에게 이는 어린아이와 같은 유치한 생각이며 해석이다. 넷째, 연옥의 근거로 가져오는 위경 마케베오 하서 12:44-46은 츠빙글리에게 근거가 될 수 없다. 한마디로 위경은 "공인되지 않는 … 불확실한 문서"로 "아무것도 증명할 수 없"기 때문이다. 츠빙글리는 연옥설의 근거로 위경을 가져오는 사람을 "올바른 이성을 가진 사람"으로 생각하지 않는다. 다섯째, 교황 추종자들이 고린도전서 3:10-15을 연옥과 선한 업적에 연관시키는 점을 반대한다. 츠빙글리는 이 본문이 결코 인간의 공로나 업적을 말하지 않고 오직 믿음의 반석 위에 세워진 집을 설명한다고 믿으며, 그들의 말을 "모두 일종의 어린이 동화"로 치부한다.

결론적으로 츠빙글리가 연옥을 믿지 않는 이유는 "하나님이 우리에게 연옥에 대해서 아무것도 말하고 있지 않다는 데 근거"를 둔다(츠빙글리, 『츠빙글리 저작 선집 2』, 483). 그러기에 연옥을 내세우는 것은 그리스도를 통한 구원의 의를 부정하는 "헛소리"이고, "십자가의 능력을 무시"하는 행위로 "그리스도의 고난이 가지고 있는 무한히 넘치는 은혜와 능력을 모독하는 것"이며, 저주를 받아야 마땅하다(츠빙글리, 『츠빙글리 저

작 선집 2』, 485). 나사로와 야이로의 딸이 죽어 하나님께서 다시 살리셨
다. 성경은 그 사이에 그들이 어디에 있었는지 공개적으로 말하지 않
는데, 이는 하나님의 사역의 은밀성이다. 그것까지를 알려는 모습은
"뻔뻔스러운 깃"(58조)이며, 죽음 이후를 아는 체하는 깃은 "직권 남용"
으로 인간으로서 주제넘은 것이고, 사기이다(59조).

> 신학자들이 말하는 연옥은 믿음의 능력에 반대가 되는 것입
> 니다. 왜냐하면 믿는 사람은 이미 구원받았기 때문입니다.
> 그에게는 지옥도 심판도 없습니다. 그러나 믿지 않는 사람
> 은 구원받지 못합니다. 그는 거룩하게 될 수도 없고, 하나님
> 이 그를 기뻐하지도 않습니다(히 11:6). … 누군가 믿고 죽었다
> 면, 그는 구원받습니다. 누군가 믿지 않고 죽었다면, 그는 심
> 판을 받습니다. 그 사이에는 아무것도 없습니다. … 연옥이
> 우리에게 하나님으로 가는 길을 깔아 준다면, 왜 그리스도를
> 필요로 합니까? 하나님을 모독하고 진리를 왜곡하는 당신들
> 은 천벌을 받을 사람들입니다(츠빙글리, 『츠빙글리 저작 선집 2』,
> 484-485)!

60조는 믿음이 약한 자를 생각하며 죽은 자를 위한 기도를 설명한
다. 츠빙글리는 하나님은 산 자들의 기도를 들으시고, 죽은 자들에게
은혜를 베푼다는 사실을 부정하지는 않는다. 분명한 사실은 믿는 자는
죽어 하나님께로 가지만, 불신자는 죽어 심판을 받는다는 것이다. 죽

은 자들이 처한 상황이 산 자들의 기도를 통해 바뀔 수 있는지는 전혀 알 수 없다. 돈을 받고 하는 연옥에 있는 자들을 위한 기도는 비성경적으로 사기이며 아무런 의미가 없다. 꾸며 낸 연옥 교리로 돈을 탐하는 자들은 하나님의 심판을 자초했다.

질문

1. 왜 츠빙글리는 연옥을 조작이라고 하는가?

2. 츠빙글리는 죽은 자를 위한 기도를 어떻게 말하는가?

035

목회자를 존경하라

츠빙글리는 안수 때 사제들에게 나타난다는 그 어떤 지워지지 않는 표식을 부정한다(61조). 성경 어디에서도 그런 표시를 말하지 않기 때문이다. 츠빙글리에게 사제는 단지 하나님 말씀의 선포자이며, 영혼 구원에 대한 감시자일 뿐이다. 그가 직분을 잘 감당하면 칭찬을 받지만, 그렇지 못하면 교회는 그를 해고한다. 그러면 그는 더 이상 사제가 아니다. 츠빙글리에게 이러한 원리는 좋은 시장, 나쁜 시장을 나눌 때의 기준과 유사하다. 그리스도께서 부여하신 사명을 망각하고, 자신의 욕망과 명예만을 채우려는 사제도 더 이상 사제가 아니다. 그러기에 안수 때, 사제들의 영혼에 새겨진다는 표시는 "쓸모없는 사람들이 (딛 1:10) 꾸며 낸 단어에 불과"하다(츠빙글리, 『츠빙글리 저작 선집 2』, 497).

츠빙글리는 성직자가 누구인지를 성경에 근거하여 말한다(62조). 사제는 "하나님 말씀을 선포하는 사람"으로, "정확하게 말해서 나이가 적당하고 존경할 만한, 다시 말하면 진실한 사람"이어야 한다. 츠빙글리는 근거로 디도서 1:5-9을 가져온다. "한 교구나 또는 공동체에서 가장 나이가 많고 가장 행동이 바르고 가장 진실한 사람을" 하나님의 말씀 선포자로 선발해야 한다. 주의를 요하는 것은 사제가 신분을 말하는 것이 아니라, 행해야 할 직분을 말한다는 사실이다. 츠빙글리에게 사제는 결코 신분을 말하는 것이 아니다.

교회가 사제들을 함부로 대해서는 안 되고, 그들을 존경하며, 마땅히 그들의 삶을 책임져야 한다(63조). 문제는 당시 사제들이 존경도 받지 못하고, 받은 사례로 생활이 되지 않을 때, 엉뚱한 데로 눈을 돌려 자신의 생활비를 충당할 수 있는 방법을 찾았다는 것이다. 당시 가난한 사제들은 아무것도 받지 못하거나 "돼지 한 마리조차 키울 수 없을 정도로 매우 적은 사례비"을 받았는데, 츠빙글리는 그 이유를 두 가지로 말한다. 아주 능력이 없는 사람들이거나 아주 연약한 사람들이었기 때문이다. 그 결과 나타난 것이 다양한 헌금이다. 구체적으로 열거하면, 연 미사 헌금, 장례 미사 헌금, 참회 헌금, 영혼 구원 기부금, 속죄 헌금, 제물 헌금, 제단과 교회 봉헌 헌금, 정기 헌금 등이다. 수많은 헌금은 결국 사제들이 "굶어 죽지 않기 위해서 자기들의 생활비를 거짓말을 해서 벌어야 하는 상황" 때문에 짜낸 아이디어이다. 이는 "사악한 일들"로서 교황이나 주교들이 허락하는 "하나님이 통곡할 일"이 되었다(츠빙글리, 『츠빙글리 저작 선집 2』, 501). 츠빙글리는 성경에 근거하여 사제들에게 충분한 생활비를 지불하는 일을 "교회 공동체가 의무"로 이행해야 한다고 호소한다.

정직한 여러분은 일시적인 응급조치만 취하지 말고 복음을 전하는 설교자들에게 생활비를 지불하십시오. 그러면 많은 사제들이 더러운 일에서 손을 털고 나올 것이고 하나님의 순수한 말씀을 받아들일 것입니다. … 하나님의 사역을 먹는 일 때문에, 다시 말하면 사라질 것 때문에 망가뜨려서는 안 됩니다(롬 14:20). 이것에 대해서 말할 수 있는 성서의 증언은 아직도 많습니다(츠빙글리, 『츠빙글리 저작 선집 2』, 501-502)!

질문

1. 당시 성직 안수 때 나타난다는 표식은 무엇인가?

2. 성직자 생활비와 관련하여 교회의 의무는 무엇인가?

공의회는 필요 없다

공의회를 통한 교회의 직권 남용을 말한다(64조). 츠빙글리는 공의회가 하나님의 말씀에 반하여 잘못을 저질러 왔음을 폭로하며 어떻게 이 문제를 해결해야 하는지를 제시한다. 우선 츠빙글리는 하나님 나라를 정의하며 시작한다. "시간과 저편 사이에 존재하는 하나님 나라는 다른 무엇이 아니라 성령 안에서 누리는 경건(frommkeit), 평화 그리고 기쁨이다"(롬 14:17). 죽음을 이기시고 두려워 떠는 제자들에게 평화를 기원했던 예수님은 하나님 나라를 잘 보여 주신다. 이런 맥락에서 츠빙글리는 당시 많은 갈등 때문에 원치 않게 폭력이 일어날 수 있는 상황에서 하나님 나라의 평화를 위해 정의롭고 그리스도인다운 행동을 요청한다. 많은 적폐와 악이 만연해 있는 상황에서 어떻게 평화를 유지할 것인지는 단순한 문제가 아니다. 이를 위해 츠빙글리는 "미래를 위한 안전 대책을 마련"할 것을 제안하였다. 츠빙글리는 여기서 당시 교회의 최고 의결 기관인 공의회(concilien)를 언급하지 않을 수 없었다. 오만한 주교들이 거기서 하나님의 말씀에 어긋난 결정들을 해 왔기에,

츠빙글리는 공의회가 하나님의 말씀에 폭력을 저질러 왔다고 비난하며, 진리 판단의 기준은 오직 하나님의 말씀임을 제시한다. "바로 하나님의 말씀" 이외에 그 어떤 재판관도 필요 없다고 말한다.

> 우리는 교회 공의회가 필요하지 않습니다. 우리에게 필요한 것은 오직 하나님의 말씀입니다. 하나님 말씀 안에 분명하고 명확한 모든 것이 있습니다. 악한 사람들이 하나님 말씀에 폭력을 가하는 순간, 신실한 하나님의 종들은 온전히 하나님 말씀에 헌신하기 시작했습니다. 그리고 하나님의 체계적인 말씀을 공명정대하게 설교하고, 하나님 말씀의 핵심에 대해서 설교하기 시작했습니다. 교황들과 황제와 주교들과 왕들이 거기에 대해서 무슨 이야기를 하든지 우리는 아무것도 개의치 않습니다(츠빙글리, 『츠빙글리 저작 선집 2』, 507-508).

질문

1. 츠빙글리가 말하는 하나님 나라의 정의는?

2. 공의회 대신 츠빙글리가 강조하는 것은 무엇인가?

037

목회자의 청빈

츠빙글리는 성직자들의 잘못을 해결하는 구체적 방법을 두 가지로 제안한다. 과도한 성직자의 수를 획기적으로 줄이는 것과 사제들의 부를 교회의 절차에 따라 처리하는 것이다. 한 예로, 유산을 교회에 남기라는 요청은 성직자들이 은밀히 욕심을 채우는 짓이라고 비난한다. 교회는 죽어 가는 자들에게 오직 하나님의 말씀에 입각해 복음을 전해야 한다. 교황 추종자들은 영혼이 구원받기 위해 교회에 유산을 기부하라고까지 명령하는데, 이는 거짓말이며 도적질이다. 대신 죽어 가는 자들이 자신의 유산을 정말로 물질이 필요한 자들, 곧 가난한 자들에게 줄 수 있도록, 교회가 받아서는 안 된다. 특히 츠빙글리는 믿는 자들에게 재산이 의미하는 바, 곧 성도의 청지기 사명을 강조한다. 하나님께서 우리에게 살아 있는 동안 재산의 관리를 맡기셨으며, 유산은 가난한 자들에게 나누어 주어야 한다는 것이다. 그것이 하나님을 기쁘시게 하기 때문이다.

당신은 잠시 가지고 있는 재산을 자신의 소유물로 여겨서도 안 됩니다. 당신은 단지 관리자일 뿐이므로, 그것을 가난한 사람들에게 나누어 주어야 합니다. 그것이 하나님을 기쁘게 하는 일입니다. 당신은 재산을 부족함이 없는 사람들에게 주지 마십시오. 당신도 알다시피, 당신이 그런 사람들에게 재화를 나누어 줄 경우에, 그들은 그 돈을 낭비합니다. 그들은 귀한 재화를 쓸데없고 무의미한 교회 장식에 사용합니다. 그래서 하나님은 재산을 가난한 사람들에게 나누어 주라고 명령했습니다. 제발 그렇게 처리해 주십시오(츠빙글리, 『츠빙글리 저작 선집 2』, 510)!

질문

1. 교회가 성도들에게 유산을 교회에 남기라는 것을 어떻게 생각하는가?

2. 성도에게 주어진 물질은 어떻게 사용해야 하는가?

038

진리의 싸움은 비폭력적이어야

츠빙글리는 주님의 진리를 위해 싸울 때 폭력을 사용해서는 안 된다는 사실을 분명히 한다(65조). 평화주의자 츠빙글리는 폭력이 아닌 성경을 가지고 주님의 진리를 위해 싸울 것을 당부한다. 꼭 폭력이 필요한 경우에는 국가 권력이 이를 행사해야 하는데, 특히 사람들이 하나님의 가르침을 조롱하고 거부하고 조작할 경우이다.

> 그러나 우리는 폭력으로 그들의 입을 막아서는 안 됩니다. 오히려 그들의 무식을 객관적으로 증명하고 나서, 피타고라스(Pythagoras)의 방법을 써서 그들이 침묵하도록 가르쳐야 합니다(츠빙글리, 『츠빙글리 저작 선집 2』, 512).

66조에서 츠빙글리는 마태복음 3:10의 도끼가 이미 나무에 놓여 있다는 말씀과 함께 고위 성직자들을 향해 무겁게 경고한다. 그들이 십자가를 의지하지 않고 돈을 의지하기 때문이다. 그들은 거짓말을 하는 대신, 마땅히 겸손하게 그리스도의 말씀을 받아들여 순종해야 한다. 안타깝게도 높은 권력자들은 이권 때문에 하나님의 말씀을 받아들이지 못하고 있다. 그래서 역으로 역사가 이루어지는데, 하나님의 말씀의 능력이 가난하고 힘없는 사람들에게 먼저 역사하여 아래로부터 시작해서 높은 지위에 있는 사람들에게로 올라가 위선자들을 위협한다. 결국 어쩔 수 없이 그들은 하나님의 말씀을 받아들이게 되는데, "가장 온유한 사람은 위선자들에게 가장 무서운 존재"로 드러나게 된다.

질문

1. 교회가 진리를 위해 싸울 때 폭력 대신 무엇을 사용해야 하는가?

2. 왜 당시 교회가 하나님의 말씀에 순종하지 못하고 있는가?

039

세례 없이 죽은 아이들

마지막 67조에서 츠빙글리는 몇 가지 문제, 즉 이자, 십일조 그리고 유아 세례를 받지 못한 채 세상을 떠난 아이들을 다룬다. 물론 이 문제가 간단하지 않음을 안 츠빙글리는 기꺼이 토론하며 자신의 입장을 개진한다. 이자 심지어 고리대금일지라도 국가 공권력이 허락하는 한 재화를 빌린 자들에게는 지불할 의무가 있다. 그럼에도 하나님의 분노를 사지 않는 이자가 되어야 한다. 십일조와 관련해서는 "매우 심한 오용이 있었음을 지적"한다. 무엇보다도 십일조가 성직자들의 탐욕을 채우는 수단으로 전락했는데, 츠빙글리는 양심적인 성직자들의 청빈이 문제를 해결할 수 있다고 본다. 유아 세례를 받지 못한 채 세상을 떠난 아이들이 지옥에 간다고 설교하는 것, 그들을 교회 공동묘지에 묻히지 못하게 하며 공개적으로 그들의 부모를 험한 말로 모욕하는 행동을 츠빙글리는 교만으로 정죄한다. 하나님만이 아시는 구원의 문제를 인간들이 판단했기 때문이다. 츠빙글리가 가난하고 아이를 잃어버린 부모들의 심정을 헤아리며 그들의 편에 서 있음을 보여 준다. 츠빙글리는 궁휼의 사람이었음을 볼 수 있다.

질문

1. 츠빙글리는 이자, 십일조, 세례 받지 않고 죽은 아이들과 관련하여 어떻게 말하는가?

오직 성경

　책의 맺음에서 츠빙글리는 자신의 67조가 오직 하나님의 말씀에 근거를 두고 있음을 밝힌다. 그럼에도 자신이 하나님의 말씀을 바로 깨닫지 못하고 도를 넘어 남을 정죄하고 상처를 주었다면 언제든지 자신의 생각을 정정할 용의가 있음을 밝힌다. 무엇보다도 츠빙글리는 그리스도의 가르침을 가지고 어느 누구에게도 상처를 주거나 폭력을 행사하지 않기를 바라기 때문이다. 츠빙글리는 오직 성경을 근거로 자신의 입장이 개진되어야 함을 분명히 밝힌다. 교부들의 사상을 근거로 내세

고향에 있는 츠빙글리 기념석

츠빙글리의 고향 전경

우는 것도 츠빙글리는 멀리한다. 츠빙글리에게 진리의 기준은 '오직 성경'이다.

> 나는 그것을 사람의 생각이나 규범에 의해서가 아니라, 성경과 하나님이 주시는 영감에 의해서 받아들일 것입니다. 또한 그럴 경우 사람들은 나에게 교부 문서를 제시하지 말고 성경 자체를 증거로 제시해야 합니다. 왜냐하면 나는 성경의 모호한 부분을 내 자신의 생각이나 쓸데없는 헛소리를 근거로 하지 않고 오직 성경을 가지고 명확하게 설명했기 때문입니다. 또한 내가 깨달은 의미를 다시 성경을 통해서 증명하기 원합니다. 다시 말하면, 성경이 모든 사람에 대한 재판관이 될 뿐이지, 사람이 하나님 말씀에 대한 재판관이 될 수 없습니다. 바라건대, 진리 되신 그리스도가 자신의 말씀이 사람에 의해서 억압되지 않게 해주기를 바랍니다(츠빙글리, 『츠빙글리 저작선집 2』, 512).

질문

1. 츠빙글리에게 교회 개혁의 기준은 무엇인가?

2. 성경의 모호한 부분을 어떻게 해석해야 하는가?

우정 어린 비판

1526年

　1526년 3월 말, 독일의 종교개혁자 루터는 부활절 성찬식을 겨냥해 세 편의 설교를 작성했다. 같은 해 가을, 이 설교를 "그리스도의 몸과 피의 성례전에 관한 설교. 열광주의자들을 반대하며"라는 제목으로 출판하였다. 츠빙글리는 동료 빌헬름 폰 첼(Wilhelm von Zell)을 통해 루터의 이 설교를 입수하여 세심하게 정독해야만 했다. 루터가 지목하는 "열광주의자" 또는 "소란하게 하는 자" 중 한 사람이 바로 츠빙글리였기 때문이었다. 츠빙글리는 루터의 설교를 읽는 중 문제점을 발견하였고, 이에 대한 반박의 글을 써야만 했다. 이렇게 하여 성례전에 관한 츠빙글리의 중요한 라틴어 논쟁서 *"Amica Exegesis"*(친절한 해명)가 1527년 4월 1일 세상에 등장하였다.

　글라루스에 있는 친구들이 루터의 신학에 우려를 표시하며 츠빙글리에게 편지를 보냈고, 츠빙글리는 이 글로 3일 만에 답변을 완성했다. 그런데 츠빙글리는 루터뿐 아니라 친구들 그리고 모든 그리스도인을 대상으로 자신의 입장을 쉬운 독일어로 다시 써야만 했다. 곧 "열 광주의자라고 비판하는 루터의 설교에 대한 우정 어린 해명"이라는 글이다. 여기서 우리가 주목해야 하는 단어는 "우정 어린"이라는 말인데, 이는 비록 생각이 다를지라도 루터를 향한 츠빙글리의 존경과 사랑은 변함이 없었다는 말이다. 루터가 츠빙글리를 어떻게 생각했느냐는 다른 문제이다. 츠빙글리가 처음으로 루터에게 보낸 이 글에 등장하는 성경 구절은 하나님의 주권을 강조하는 요한복음 6:44이다.

루터는 하나님의 약속에 대한 영원한 신비로서 그리스도의 육체적 현존에, 츠빙글리는 부활 승천하신 그리스도의 신성으로서의 현존에 강조점을 두었다. 루터는 육체로 내려오신 그리스도에게, 츠빙글리는 부활 승천하셔서 하나님으로 확증되신 그리스도에게 초점을 맞추었다. 둘 사이 차이점은 루터에게는 교회를 분열시킬 만한 큰일이었지만, 츠빙글리에게는 그렇지 않았다. 츠빙글리는 성찬의 떡과 포도주에 그리스도의 육체적 현존을 주장하는 루터에 대하여 다른 입장을 취하였다. 츠빙글리는 "루터는 자신이 말한 것에 더 이상 진실하지 못하다"고 생각했다.

츠빙글리는 루터를 향한 자신의 반박문이 일반 성도들에게 "깊은 아픔을 줄 수도 있을 것" 또는 "불화를 일으키는 것"이라고 안타까워했다. 그렇지만 루터를 향한 츠빙글리의 입장은 분명하고 완강했으며, 때로는 공격적이기까지 했다. 루터의 비난을 염두에 둔 츠빙글리는 어쩔 수 없이 자신의 분명한 입장을 "신앙과 성경의 관점에서" 밝혀야 했는데, 무엇보다 성경을 틀리게 해석하지 않기 위해서였고, 다르게는 루터의 "거짓말"을 막기 위해서였다. 츠빙글리에게 중요한 것은 성례전에서 무엇을 먹느냐가 아니라, "우리를 구원하시기 위해 자기 생명을 바치신 하나님 아들을 믿는 것"이었다. 츠빙글리에게 믿음과 성경은 서로 모순이 되어서는 안 된다. 무엇보다 츠빙글리에게 성경은 신앙 안에서만 이해되며, 바른 신앙은 성경으로만 증명되어야 한다.

> 하나님 말씀에 억지로 다른 의미를 부여하려는 사람은 반드시 비판받아야 합니다. … 나는 화내거나 어떤 악한 마음도 품지 않고 루터가 전능한 하나님으로부터 받은 성례전의 비밀은 잘못된 계시임을 성경의 증거를 제시하여 최대한 분명히 밝히려 합니다(츠빙글리, 『츠빙글리 저작 선집 4』, 임걸 역, 14).

질문

1. 성례 이해에서 루터와 츠빙글리의 차이점은 무엇인가?

2. 츠빙글리가 말하는 성경과 신앙의 관계는?

042

성찬은 믿는다는 것

1526年

츠빙글리는 루터가 이성에 의존하고 있다고 생각했다. 츠빙글리는 성령의 조명을 강조했기에 루터가 여전히 이성에 의존하여 성경을 이해한다고 비판했다. 그래서 물음은 '하나님의 말씀을 묵상할 때 어디까지 이성의 통찰력이 허용될 수 있는지'였다.

> 하나님의 말씀을 묵상할 때 어느 한도까지 이성의 통찰력이 허용될 수 있겠는지 판단하여 보십시오. 또 다른 한편으로는 이성을 맹신하는 사람들을 비판하고 이성에만 의지하는 것을 금지하고 있는 성서 구절을 깊이 묵상하도록 하십시오. …… 만약 우리가 '이것은 여러분을 위한 나의 몸입니다'라는 말을 상징적인 표현으로 이해하지 않고, 그리고 그 말을 그런 뜻으로 생각하지 않는다면, 우리는 그 말을 이해할 수 없습니다 (츠빙글리, 『츠빙글리 저작 선집 4』, 18-19).

츠빙글리는 로마서 12:16, 로마서 12:3, 로마서 12:2을 가져와 지혜 있는 체하지 말 것, 믿음의 분량대로 생각할 것, 하나님의 온전하신 뜻이 무엇인지 분별할 것을 당부한다. 그런 후 마태복음 10:16을 가져와 뱀처럼 슬기롭고 비둘기처럼 순결할 것을 요청한다. 루터와 츠빙글리 사이에 핵심 물음은 주님의 "이것은 나의 몸이다"라는 말씀을 어떻게 이해해야 하느냐이다. 츠빙글리는 "의미하다"로 상징적으로 이해한다. 루터는 글자 그대로 이해했다. 성찬에서 주님의 몸을 실제로 먹고 마셔야 한다는 것이다. 츠빙글리에게 "누구든지 내 몸과 피를 마시는 사람은"(요 6:54)의 핵심은 그 어떤 음식을 먹고 마시느냐에 있지 않고, "우리를 구원하시기 위해 자기 생명을 바치신 하나님의 아들을 믿는 것"에 있다.

츠빙글리는 종교개혁자들의 글일지라도 몇 가지 원칙을 가지고 읽을 것을 당부한다. 첫째, 모든 글을 비판적으로 직접 읽어야 한다. 그 누구로부터 전해 들은 것은 기준이 될 수 없다. 무엇보다 하나님의 말씀인 성경과 일치하는지 확인해야 한다. 둘째, 요한복음 6:44을 통하여 믿음이 무엇인지를 바로 깨달아야 한다. 믿음은 하나님의 선택으로 오직 하나님으로부터 오는 것이다. 츠빙글리는 "믿음은 하나님이 우리를 선택할 때 오직 그분에게서 나오는 것"임을 강조한다. 믿음의 처음과 끝은 하나님의 전적 주권에 달려 있다. 하나님께서 어디까지만 하시고, 그 이후부터는 사람에게 맡겨 놓으시는 것이 아니다. 바른 믿음은 인간에게서 나오지 않는다.

츠빙글리에게 하나님의 말씀을 의지하고 신뢰함은 "반드시 그 말씀을 올바르게 이해"함을 전제한다. 잘못 이해한 말씀을 기초해서 믿는다면 스스로 속이게 되며, 교회를 어렵게 하는 중세 교회의 교황과 같은 모습이 된다. 츠빙글리는 마태복음 16:18에 나오는 반석을 교황이 베드로로 잘못 이해했다는 것이다. 바른 신앙은 하나님의 말씀을 바로 이해할 때 가능하다. 그렇지 않을 때 함정에 빠지게 된다.

츠빙글리는 잘못된 진리로 날조된 그리스도의 몸을 주장하여 혼란을 초래하는 자(Schwaermer), 광신도는 다름 아니라, 바로 루터 자신이라고 몰아세운다. 예수 그리스도는 "우리가 육체를 먹음으로써 그 무엇을 얻을 수 있다고 강조한 적이 없"다는 것이다. 츠빙글리에게 요한복음 6:54-56의 주님의 몸과 피를 먹고 마신다는 말은 '우리가 그리스도 예수를 믿는다는 말'이지, '우리가 당신의 살과 피를 먹음으로 우리의 죄를 사해 준다고 믿습니다'라는 뜻이 아니다.

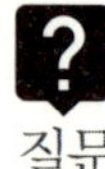

질문

1. 츠빙글리에게 하나님의 말씀인 성경을 신뢰하고 믿기 위해서 전제되어야 할 것은 무엇인가?

2. 요 6:54-56이 말하는 주님의 몸을 먹고 그의 피를 마신다는 의미는 무엇인가?

왜 신학적 논쟁거리여야 하나

1526年

츠빙글리는 하나님의 말씀을 대하는 두 가지 태도, 곧 하나님의 말씀을 신뢰하는 것(vertrauen)과 하나님의 말씀을 믿는 것(glauben)을 "반드시 구별해야" 한다고 한다. 성경을 하나님 말씀 그 자체로 받아들이는 것은 신뢰하는 것이며, 그 말씀이 우리에게 약속하거나 요구하거나 금지하는 것은 믿는 것이다. 다르게는 하나님 말씀은 진실하다고 믿을 때, 하나님의 말씀이 약속하는 것을 받게 된다는 말이다. 성찬 이해와 관련하여 츠빙글리는 신뢰와 믿음이라는 관점에서 루터의 입장에 이의를 제기한다.

루터는 '우리는 그의 몸을 실제로 먹음으로써 죄를 용서받습니다, 라는 말을 신뢰하고 의지해야 합니다'라고 말하지만, 츠빙글리는 그 말에 동의할 수 없다. 왜냐하면 그 말은 우리에게 그 어떤 약속도 하지 않기 때문이다. 그 말은 루터가 말한 것처럼, '우리가 성찬식에서 제정사를 말하는 순간, 실제로 그리스도의 실제 몸이 존재하게 된다'

는 약속도 우리에게 하고 있지 않다. 그런데 제정사가 약속을 포함한 말씀이 아닌데도 마치 약속의 말씀인 것처럼 루터가 우리를 현혹시키고 있다는 것이다. 츠빙글리에게 하나님의 말씀이 요구하는 것은 분명하다.

> 우리는 단지 설명하고 명령하는 말씀을 믿는 것으로 충분합니다. 그러니까 우리는 그리스도가 성찬식을 통해서 그를 기념하라고 한 것을 믿고 성찬식을 통해서 그를 기념하면 됩니다. 그러나 우리는 성찬식에서 그리스도의 실제 몸이 죄를 사해 주기 위해서 제공된다는 것을 절대 믿어서는 안 됩니다. … 이 사실을 수긍하지 않으면 우리는 그리스도인이 아니라, 루터의 추종자일 뿐입니다(츠빙글리, 『츠빙글리 저작 선집 4』, 29-30).

츠빙글리의 주장은 반복되는데, 그리스도의 몸이 십자가에서 죽으심으로 우리의 구원은 완성됐다는 것이다. 그리스도의 몸은 죄 용서를 위해 먹으라고 주어진 것이 아니다. 예수님께서 말씀하신 대로 우리는 성찬식을 통해 십자가에서 이루신 그 대속의 죽음을 기념하고 감사하면 충분하다. 성경은 어디에서도 그 몸을 먹을 때 우리의 죄가 용서함을 받는다는 약속을 하지 않았다. 아울러 츠빙글리는 성찬식을 통한 신앙의 강화와 보이는 복음으로서의 성찬식을 인정하지 않는다.

만약 우리가 하나님의 아들인 예수 그리스도를 믿는 믿음으
로 영원한 생명을 가지게 된다면, 우리에게 영원한 생명을 주
는 것은 그의 실제 몸을 먹는 것에서 오는 것은 아닙니다. …
우리는 다만 확고하고 바르며 그리고 순수한 신앙은 예수 그
리스도의 신성에 뿌리박고 있으며 그의 죽음이 우리의 생명
이라는 사실을 잘 알고 있습니다. 그러한 신앙은 예수의 몸을
실제로 먹는 것에 대해서 아무것도 말하지 않습니다(츠빙글리,
『츠빙글리 저작 선집 4』, 33-34).

츠빙글리는 그리스도의 몸과 피가 빵과 포도주 안에 있다고 생각하
는 것은 "완전히 틀린 생각"이라고 단언한다. 사도신경을 통하여 고백
하듯이, 그는 승천 이후 이 땅에 계시지 않는다는 것이다. 성찬의 떡과
포도주에 그 승천하신 예수님께서 육체로 함께하신다는 주장은 "정말
고집스럽게 분쟁을 만드는 논리"이며, 그 책임은 루터에게 있다고 츠
빙글리는 말한다(츠빙글리, 『츠빙글리 저작 선집 4』, 36).

글의 마지막에 이르자 츠빙글리는 루터와 자기 사이에 격한 논쟁을
할 수밖에 없음에 아쉬움을 토로한다. 앞선 신앙 선조들에게 성찬식은
아무런 신학적인 논쟁거리가 되지 못했고, 그래서 그들은 성찬식에 관
한 것을 신앙고백서에 포함하지 않았다는 것이다.

질문

1. 츠빙글리는 루터의 무엇이 완전히 틀렸다고 생각하는가?

2. 왜 츠빙글리는 루터와의 사이에서 격한 논쟁이 오고 간 것에 아쉬움
을 토로했는가?

베른에서 설교하다

1528年

1528년 1월 6일부터 26일까지, 스위스 베른(Bern)에서는 신학 전반에 관한 대 논쟁이 벌어졌다. 여기서 복음에 대한 츠빙글리의 입장이 승리해서, 새로운 복음이 서유럽으로 퍼져가는 결정적 계기가 되었다. 이 베른 대 논쟁 이후 츠빙글리는 12가지로 기독교 신앙을 정리하여 발표하였는데, 자신을 이단자로 모는 사람들에 대한 반박의 글이었다. 그의 후계자 불링거는 이와 관련하여 츠빙글리가 분명하고 단호하게 입장을 제시하여, 사람들의 뜨거운 격려와 칭찬을 받을 수 있었다고 평가하였다. 이런 일이 있고 난 후 츠빙글리와 입장을 같이한 스위스와 남부 독일의 종교개혁자 8명은 개인적 신앙 양심과 사회생활 영역에서 종교개혁 진리를 구현하기 위하여 비로소 각 교회 강단에서 설교하기 시작하였다.

츠빙글리는 대 논쟁이 벌어지는 기간에 베른 시민들 앞에서 두 차례 설교할 수 있었다. 츠빙글리는 일반적으로 원고 없이 설교하곤 했으나, 6개월 후 1528년 7월 그 두 편의 설교는 정리되어 출판되었고, 사람들의 손에 들려졌다. 츠빙글리가 기억을 살려 그 설교를 기록했는데, 본래 설교보다 더 명료하게 작성되었다. 성찬에 대한 루터의 입장이 확실하게 인용되었으며, 다른 반대자들의 입장도 확실하게 제시되었는데, 신학적이고 교리적 설교라 일컬어도 무리가 없을 것이다.

첫 설교는 1528년 1월 19일 월요일, 요한복음 6장을 본문으로 성찬 이해를 제시하며 이루어졌다. 츠빙글리가 전선을 형성해 비판해야 하는 주된 상대들은 로마 교회의 화체설과 루터교회의 공재설이었다. 츠빙글리가 자신의 신학을 변호하기 위해 가져온 것은 공적 신앙고백인 사도신경이었다. 츠빙글리는 사도신경을 한 구절 한 구절 차분하게 해설하며 자신의 '성령 신학'(Theologie des Heiligen Geistes)에 서서 로마 교회, 루터교회, 인문주의, 재세례파, 다양한 사상들에 대해 논쟁을 전개하였다. 츠빙글리는 여타 신학과 사상들을 싸잡아 비판했는데, 그들은 피조물이면서 신의 위치에 오르려는 우상화의 오류(Kreaturvergoetterung)를 범하고 있다고 하였다.

성례 이해에서 특히 위험한 것은 물질을 신성화하는 사상(Heilsmaterialismus)인데, 구원은 오직 하나님께만 있음을 망각하며 신 인식을 잘못하는 오류를 범하고 있다고 지적했다. 츠빙글리는 첫 번째 설교에서 최고선이신 하나님을 다루며, 믿음은 성부 하나님, 인간이 되신 성자 예수님 그리고 성령 안에서 아버지와 아들에 대해 인격적 믿음으로 나아가는 것이라고 역설한다. 그것은 아우구스티누스의 입장에 서서 삼위일체 하나님을 믿는 믿음이기도 하다. 츠빙글리는 신약을 근거로 예수님께서 십자가에서 완성하신 역사적 화해를 다룬다. 츠빙글리에게는 성찬의 떡과 포도주가 우리의 구원이 아니라, 십자가의 그리스도가 우리의 구원이다. 그러기에 성례전의 핵심은 교회 공동체가 우리의 구원을 완성하신 십자가의 그리스도께 감사하며 현재화하여 그리스도의 영적 현존을 받아들이는 것이다.

두 번째 설교는 대 논쟁이 끝난 다음 날 1528년 1월 30일 금요일에 이루어졌는데, 로마서 11:28을 가지고 '선한 마음을 가지고 오래 참음'에 관하여 말하다, 결론부에서는 갈라디아서 5:1을 가지고 자유를 통한 '담대함'을 주제로 했다. 당시 예배당은 모든 교회 장식과 제단이 제거된 상태였으니, 분위기는 그렇게 밝지 않았다. 이 설교를 끝으로 츠빙글리는 베른 시를 떠났다. 일주일 후 1528년 2월 7일 베른 종교개혁 협정서가 합의를 이루었다.

질문

1. 성찬식을 집행하며 교회가 생각하고 추구해야 할 일은 무엇인가?

2. 로마 교회의 화체설, 루터교회의 공재설은 무엇인가?